理财、买房一本通

理财
就能买房

Money & House 罗 天 著

北京日报报业集团
同心出版社

图书在版编目（CIP）数据

理财就能买房 / 罗天著. —北京：
同心出版社，2012.2
ISBN 978-7-5477-0465-3

Ⅰ.①理… Ⅱ.①罗… Ⅲ.①家庭管理：财务管理—基本知识 Ⅳ.①TS976.15

中国版本图书馆CIP数据核字(2012)第030032号

理财就能买房

出　　版：	同心出版社
地　　址：	北京市东城区东单三条8-16号　东方广场东配楼四层
邮　　编：	100005
发　　行：	同心出版社（010）65255876
	北京时代华语图书股份有限公司（010）83670231
总 编 室：	（010）65252135-8043
网　　址：	www.bjd.com.cn/txcbs/
印　　刷：	北京博图彩色印刷有限公司
经　　销：	各地新华书店
版　　次：	2012年3月第1版
	2012年3月第1次印刷
开　　本：	690毫米×980毫米　1/16
印　　张：	12.5
字　　数：	120千字
印　　数：	13000
定　　价：	26.00元

同心版图书，版权所有，侵权必究，未经许可，不得转载

[序言]
你理想中的房屋是什么样子的?

工作了,生活过得怎么样?是不是每天在公司忙忙碌碌,下了班一挥手搭个出租车,回到租住的三室一厅跟舍友点点头、打个招呼?

当你为每个月繁重的工作头疼、为每个月被催缴的房租郁闷、为舍友晚归的吵闹心烦时,有没有一种冲动,让你几乎想逃回属于自己的壳里?

生活如此沉重,但每个人都有想过得更好的权利。此时此刻,你是不是想拥有一份属于自己的房产?

你理想中的房屋是什么样子的呢?比你现在租的房子要大吗?有宽敞的阳台吗?你需要的是一处幸福快乐的蜗居之地还是一个热闹温暖的大家庭呢?你所向往的生活情景是怎样的?你想过如何实现吗?你为此努力过吗?

每天上下班不坐的士了,因为燃油费又涨了,只好乘公交或地铁凑合凑合;下班回到家往电脑前一坐,玩到晚上十二点上床睡觉,美其名曰"低碳生活";中午自己带饭,想着能省一点是一点;每天的生活像机器一样重复,存钱、存钱、存钱,拼命存钱;有同事邀K歌还要算算一个小时多少钱;遇上"红白事"不得不带一个鼓鼓的红包,计算着送多少合适;买东西一定要在超市选打折的,但是出来一看,另一家超市的同类商品居然便宜了一块,不由得捶胸顿足……你的确就是在过这样的生活。然而，即使如此，钱包仍然没能鼓起来？

这样固然可以省点钱，但是因为没有条理、计划以及详细的收支记录，看似是每个月都用得不多，可是存款的数额还是没怎么涨。

你想过要如何正确合理地累积财富吗？你想过怎样才能让你的财富增值吗？你想过什么时候才能存够钱买到心仪的房子吗？

要实现这些，光存钱就够了吗？或者说，你的财富就只是你银行里的存款吗？

当然不是。

财产，包括你拥有的所有有价值的财物。现金、银行存款是一方面；物资、房屋、土地等不动产是另一方面；还有知识产权等无形资产，都是你的财产。

那么，怎样才能让自己的财产增值呢？通俗地讲，怎么才能让自己的钱变得多到足够买房呢？有一个法宝，帮你解决这个问题，就是理财。

理财，可以帮你梳理每一分钱，并让你的财产越来越多。

序 言

第一章 想要房？从22岁开始学理财！
理财是个什么玩意儿 / 002
算一算你的身价 / 006
算一算你的房价 / 010
找到适合你的房子 / 016
六年规划，步步为营 / 019

第二章 二十几岁的"月光族"，怎样才能省下钱
低薪并不可怕，可怕的是没有管理 / 027
流水账，一分钟搞定无形流失的财产 / 031
量入为出，聚沙成塔 / 035
冲动是魔鬼！ / 039
购物计划与清单帮你了解生活细节 / 043
刀刃？刀背？当然是用在关键点上啦！ / 047
低成本也可以享受一把 / 051

第三章 万儿八千的在手，天下我有
人生的第一桶金决定未来 / 057
要买房，就别做"败金男女" / 061
买车容易养车难，不急！ / 065
投资后备金是个严肃的问题 / 069

第四章 ● 做足功课，挑个"贤惠实在"的理财工具回家

先从自己熟悉的领域起步 / 075

必须看好自己的每一分钱 / 079

与富友为邻，理财观念上的一次洗礼 / 084

怎样选择理财师 / 089

了解市场，善于利用景气 / 093

投资上，快、准、狠缺一不可 / 096

量化投资目标，拒绝空泛 / 100

第五章 ● 终于有点儿闲钱了，让它越来越多吧

成为自己的理财大师，合理安排资产配置 / 106

不要把鸡蛋放在同一个篮子中 / 110

心态决定一切 / 115

保险可以用来"储蓄" / 119

保险可以用来"保险" / 123

规避风险"三大件"——债券+信托贷款类理财产品+黄金 / 129

高风险高回报，股票玩的就是心跳 / 133

短线股票——投机的哲学 / 137

基金定投，最简便的投资方式 / 141

基金定投，风险真的低了吗？ / 145

各种理财方式要快速地用起来！ / 149

第六章 ■ 陷阱！警惕形形色色的投资陷阱！
　　低投入、超高回报的好事 / 156
　　小道消息不可靠 / 160
　　天花乱坠的宣传，无人问津的销售 / 164
　　稳赚不赔，包退款 / 167

第七章 ■ 恋爱了，结婚了，终于要买房了
　　买得起？买不起？ / 172
　　一手房美，二手房廉 / 176
　　贷款，你选多少年？ / 183
　　"房奴"也可以幸福 / 186

理财是个什么玩意儿

在这个世界上,有一个最神奇的词——时间!

当你每天忙忙碌碌地在拥挤的上班下班人潮中浑浑噩噩时;当你每天重复着前一天甚至前几天的工作时;当你看着银行卡中的存款完全不够实现心底买房的愿望时;当你疑惑自己未曾奢侈、但很多工资却完全不知道花到什么地方去了时,你忘记的正是这个词——时间!

有一个有效利用时间的方法,可以解决上面所有的问题,并满足心底的小小愿望,你也许会疑惑。实际上,这种利用时间打理财产、使财富增值的整个过程,还有另一个种说法——理财!

我们大家都知道,婚姻需要经营、友情需要经营、家庭生活需要经营,其实,财产更需要经营!

说到理财,很多人的第一反应一定是赚钱和投资,其实理财的范围远不只如此。理财,指的是一个人对自己的现金流量、固定资产以及投资、负债等经济活动的风险管理。**理财,不仅能让你有钱,更能让你明明白白地掌控自己的经济,理出自己的"经济学"。**直白地说,如果赚钱能让你觉得有一分的快乐,那么,理财一定能给你带来一百分的快乐!

说到理财，就不得不提到另一个词——通货膨胀。它看起来离我们的生活很远，其实却渗透于生活的方方面面，最显而易见的现象就是物价上涨。衣、食、住、行都在涨价，工资的涨幅却跟不上物价的上涨速度。这时，我们需要一种方式来保护自己的财产，它就是理财。下图是近五年来在通货膨胀的环境下，对理财与储蓄所带来的财产变化做出的数据统计：

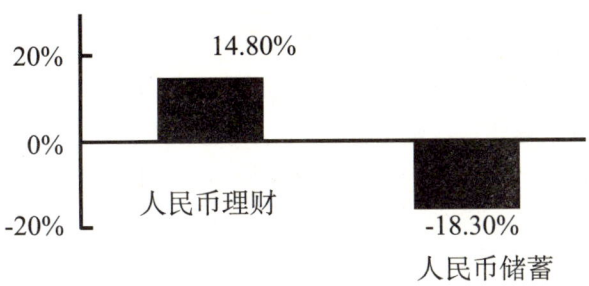

左边是利用人民币理财所带来的财产变化显示，右边是利用人民币储蓄所带来的财产变化显示。这张图表一目了然地说明了一个事实：**被动接受通货膨胀等于损失大量财产。**

那么，知道了理财的重要性，也要记住理财不能太过心急。所谓理财，是对自己的财产进行系统化管理，而不是在急需用钱时的一种应对方法。通常，决定是否进行理财，有以下四点必须明确。

1. 明确自己目前的资产状况

所谓的明确资产状况，并不是只知道自己的月收入数目或者是进行简单记账就可以。一个人的资产应该包括：已有的固定资产、当前收入情况、未来可预期收入、可控支出和不可控支出。由此可以列一张清单，以过去半年或一年的收入和支出为参考，详细列举出收支情况。也可以使用当下流行的记账网站或者记账软件，等你记录下几个月的收支情况，记账软件会帮助你分析出一份收支明细表，根据此表可以更加清晰地明确自己目前的资产状况。

> **Tips**
>
> 记账网站：账族网、中国账客网、记否、钱宝宝、淘宝等在线购物网站、163邮箱等。
>
> 记账软件：随手记、账族记账、记账啦、爱记账等。

2. 明确自己的理财目标

在理财过程中，拥有一个明确的长期目标和几个清晰的短期目标，是非常重要的。在设定目标之前，还要明确三个问题：

时间——长期目标需要具体到年和月，短期目标则需要具体到星期和天数。

金额——即上限金额。对于长期目标的预估上限金额需要具体到"千"；对于短期目标的预估上限金额，需要具体到"十"。

目标描述——对于目标的描述要尽量具体。比如以买房为目标，不要用"漂亮、高端、交通方便"等指意不明的词，而应该用"多少平方米、哪几个楼层、几环到几环之间"等具象的、物化的词。

明确了这三个问题之后，我们就能够定量、定性地了解自己的理财目标，从而轻松地判断出这些目标的可行性。

3. 明确自己的理财风险偏好

如果说前两点是理财前的准备工作，那么，明确自己的理财风险偏好则是正式开始理财投资的第一步，也是最重要的一步。

理财风险偏好是与一个人的家庭责任密切相关的，例如是否需要赡养父母、是否需要定期资助亲友、是否有依附于自己的家人等等，这些都必须在进行理财风险偏好测试之前得以确定。明确家庭责任后，再开始理财风险偏好测试。通常，根据测试结果，可以选择激进

型、保守型、主动理财型以及被动理财型等不同类型。（关于具体的理财风险测试，会在之后的章节中加以说明）

4. 对自己的资产进行战略性分配

资产战略性分配是理财的实质内容，是指将所有的资产进行分配后，做出投资品种、投资时机和投放价值的选择。

算一算你的身价

"当你40岁时，没有4000万身价不要来见我，也别说是我学生。"北京师范大学教授董藩此条微博一出，语惊四座，引发了众多网友的转发和热议。看看刚毕业参加工作的你，买不起房子、买辆车要攒很久的钱、想买个iPhone4S要勒紧裤腰带……**身价4000万？不可能吧**！这是不是你的第一反应？

等等，先别急着否定。其实，完全有可能！我不是在诓你，也不是故弄玄虚，重点还是在于**时间**。

如果将一个人的一生分为不同的时期，可以说，前二十年是在校学习，充实自己的"蓄势期"；20岁至40岁是人生的黄金年华，身价是稳步增长的，你所学到的专业知识、工作的经验、与同事相处获得的资源、跟客户打交道获得的人脉等等都在慢慢积累，是构成你身价的基石，而账户中日渐增多的金额则是身价的表现方式，这个时期无疑是"事业上升期"；40岁至60岁的中年人，往往会因为身体原因或者思想上的转变，更愿意在事业上处于保守地位，即为"事业稳固期"；60岁以后的老年人功成身退，此时的身价因为家庭、退休等因素，早已不是峰值，可以说是"事业保值期"。

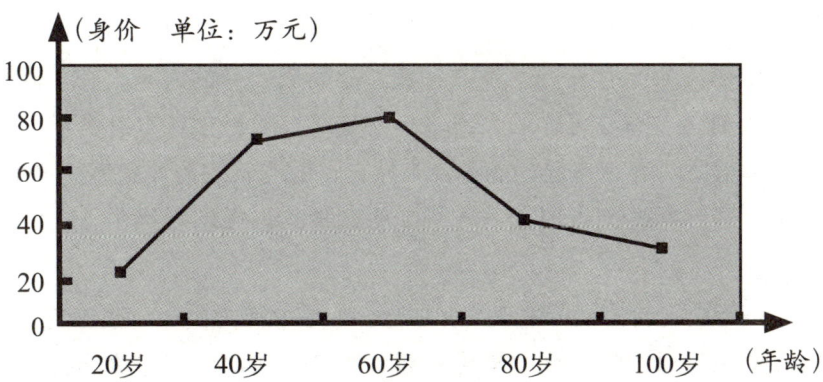

事业身价示意图

那么,你想知道自己现在的身价吗?作为一个职场新人,存款簿就是你所有的身价了吗?当然不是!让我们来算一算你的身价。

1. 学历是身价计算的起点。你费尽心思得到的大学毕业证,标榜着你的初始身价。相较于前几年,2010年大学毕业生的起薪点有所上升,专科学历普遍在1600元左右,本科学历平均月薪2100元,硕士和博士则是3000元~5000元不等。大学生获得第一份工作的薪水往往是最直观的身价体现,因为此时,职场经验基本为零,人脉等附加值也最低,"白手起家"可以说是形容大部分初出茅庐的新人最赤裸裸也最贴切的词,但是这并不是意味着你就只值这个价,不信?往下看吧!

2. 保持对工作的诚意是身价增值的不二法门。学历带来的影响很有限,如果大家处在同一条学历的"起跑线"上,比拼的就是各种附加价值。还一味地任劳任怨、埋头苦干,却没有出众地展现自己的优势,无法将成果转化成价值,也没有用。除了勤勤恳恳地工作之外,如果能充分把握好各项工作的时间,才是增加身价的好办法,如定时、高效、简洁地向BOSS汇报,与相关单位做好沟通工作等,既能积累工作经验,又能给BOSS留下好印象,何乐而不为呢?

3. 能力造就口碑,口碑筑成知名度。作为职场人士,职业领域的专业能力相当重要，以此为基础，做出让人满意的成绩，才可能有较高的成功率。除此之外，行事风格要带有自己的特色，这样有利于被对方记住，从而有更进一步的发展。能完成任务的大有人在，但办事干净利落、贴心可靠的人不多，不是吗？如果你还没有自己的风格，那就适时表现自己的能力，突显自己的专长，培养做事的风格，让别人遇到某些情况时，一下子能想到你，慢慢地打拼出自己的知名度。

4. 与众不同的经历带来潜在加分。如果你能力出众，在知名度高的企业工作过；如果你的学历不高或所学专业冷门但潜力十足；如果你做过许多工作并了解市场；如果你专业技术过硬且执照齐全……那么，你就有了身价增值的保证。一份与众不同的经验资历表会让你脱颖而出，这不仅仅标志着你获得了不同于其他人的经验，更重要的是，你在BOSS的印象里加了分。

5. 人脉即钱脉。这里所说的人脉，并不是聚餐时一起HIGH的朋友，而是能为自己增加业绩与职业价值的人。创造属于自己的人脉非常重要，不论是结识资历深厚的前辈，还是前途光明的新人，在与之交往的过程中，要尽量表现出自己的工作能力，给别人留下良好的印象，慢慢地编织出一张工作的人脉网络。

由此，可以清晰地看出，身价是一个积累的过程，不可操之过急。我们的当务之急，是要搞清楚自己有多少钱以及身价增长的速度，通过合理的计划、分配和投资，尽快赚取属于自己的房产。

不做穷人、要做有钱人是我们的追求。受传统观念的影响，许多人认准储蓄，拒绝接受其他的理财方式，而事实上，利息的增长速度远远追不上通货膨胀的速度，年复一年，反而造成了财产的贬值。如果只知不停地赚钱，却不好好打理辛苦赚来的钞票，那么，时间就会变成一个漏斗，我们永远也聚不起财富。有的人明白理财的重要性，也开始理财，但是，在选择投资方式以及增值方式上的功课做得不够，不愿更改不科学的理财方式，使得潜在风险一直存在，结果影响到了整体的理财收益。

在搞清楚银行里自己的存款并正视这些资产之后，我们要做的，就是将那些投入与产出不理想以及各种高风险、低收益的投资项目剔除，接受科学的理财方式，从而取得较好的理财效果，为心仪的房子而努力，**成为自己的理财大师！**

算一算你的房价

幸福是什么？这是一个非常复杂的命题，每个人都有不同的定义。汉字寓意深刻，如果把"幸福"二字拆开，你会得到"一口田"、"土"和"¥"。这不是告诉我们，幸福就是有一块土地、足以耕耘的良田和够花的金钱吗？

作为一个现代都市人，可以将事业比作田地，将家园、房子等这些有安全感的东西比作安身立命的土地。

你是否梦想过有一栋房子，面朝大海，与心爱的人一起看日升日落？你是否想在闹市一隅能落地扎根？你是否喜欢田野风光，想坐拥湖光山色，听虫鸣鸟叫？你理想中的房屋是什么样子的呢？有多少平方米？是独门独户还是复式小别墅？在顶层还是在中间楼层呢？带不带独立的院子？有没有大阳台？厨房料理台要用什么材质？落地窗前要不要放把椅子看风景？

这一切只能是梦想吗？当然不是！来，先算一下一栋房子需要多少钱，再计划下一步的行动。

1. 一线城市的房价是个问题

北京、上海、广州等一线城市房价居高，早已让老百姓们怨声载道，买不起房子的人越来越多，住房问题逐渐成为亟须解决的民生问题。为了遏制失控的房价，国家出台了一系列调控政策，2011年，"新国八条"以及限购、限贷政策的落实，使得一线城市部分地区的房价出现了小幅度回落，但尽管如此，随着国际金融市场状况的好转，房价仍然居高不下。

以2011年8月北京的房价为例，受到限购令以及限制贷款等措施的干预，住宅成交量下降到近三年来的最低点，一手房签约平均价为21689元/平方米，二手房签约平均价为23480元/平方米，比起七月份，分别下降了2.5%和0.9%。

而上海八月份的房价在宏观调控的影响下，也迎来了近六年来最惨淡的一个月。中国房产信息集团的数据显示，上海市商品住宅房的成交均价为22026元/平方米，与上月持平；成交面积为57.6万平方米，环比七月份下滑了25%，同比去年同期下滑18%。虽然成交量较之前有所下滑，但新房库存面积达880万平方米，开发商推盘的节奏整体放缓，八月份的楼市并未出现大面积的降价，且降幅控制在3%左右，虽略有下滑，但整体走势平稳。

据中国指数研究院《2011年8月十大城市住宅价格指数》报告显示，广州房价环比增长达0.6%，同比增长10.31%。十大城市住宅价格指数报告是取自北京、上海、广州及部分发达二线城市的调查数据。从这份调查中,我们可以很直观地看到短期内住宅价格指数。(见附表1)

表1　2011年8月十大城市住宅价格指数

城市	环比涨跌	同比涨跌	样本平均价格（元/平方米）	样本价格中位数（元/平方米）
广州	0.60%	10.31%	15429	13050
武汉	0.35%	8.29%	7382	6850
北京	0.25%	5.82%	22953	18150
上海	-0.12%	2.85%	23826	19600
南京	-0.22%	2.80%	12255	11100
杭州	-0.27%	3.56%	20597	17800
成都	-0.36%	6.66%	8023	7150
深圳	-0.47%	7.62%	25687	21600
天津	-0.49%	1.85%	12033	11300
重庆(主城区)	-1.12%	3.66%	6616	5700

从上表中可以看出,如果在一线城市或者是发达的二线城市想购买100平方米左右的房子,没有两三百万是完全不行的。虽然房价有回落趋势,但由于基数强大,房价仍然是购房者选择在一线城市买房的最大障碍。而同样的数额的钱,却能在二三线城市买到更优地段或者更大面积的房子,在国外甚至能置办一幢豪宅了。所以,选择在一线城市购房的你,压力非常之大。

2. 二三线城市房价看涨看跌,出手要巧

在一线城市及发达二线城市的楼市被限购令强制"降温"的八月份,部分二三线城市的楼市却"升温"了。(见附表2)

表2 2011年8月百城住宅价格指数

城市	环比涨跌	样本平均价格（元/平方米）	样本价格中位数（元/平方米）	城市	环比涨跌	样本平均价格（元/平方米）	样本价格中位数（元/平方米）
厦门	2.39%	11594	10200	金华	0.07%	8331	8300
日照	2.33%	5777	5350	保定	0.06%	4209	4150
常熟	2.29%	8506	9850	大连	0.04%	11508	9150
湘潭	1.90%	3533	3550	菏泽	0.04%	3418	3250
宿迁	1.67%	3835	3900	惠州	0.03%	6229	5450
呼和浩特	1.62%	7186	6750	吉林	0.02%	4818	4450
潮州	1.53%	9320	9100	德州	-0.01%	4166	3750
西安	1.47%	7447	7000	昆山	-0.01%	9769	8800
宜昌	1.46%	6076	6250	苏州	-0.03%	11503	7200
柳州	1.43%	4906	4700	珠海	-0.04%	10495	8450
赣州	1.36%	4761	4700	湛江	-0.05%	5209	5350
东莞	1.36%	7163	5500	泰州	-0.06%	5044	5050
泉州	1.21%	7090	7250	唐山	-0.08%	5424	4900
连云港	1.04%	5431	5100	三亚	-0.09%	19080	10100
鞍山	1.04%	5642	5450	烟台	-0.10%	6450	5950
银川	0.99%	5715	5700	秦皇岛	-0.12%	6948	6100
扬州	0.91%	6312	7900	宝鸡	-0.12%	3516	3700
鄂尔多斯	0.91%	6110	5600	上海	-0.12%	23826	19600
桂林	0.90%	4483	3850	太原	-0.18%	5625	4350
包头	0.89%	5568	5150	济南	-0.19%	9247	9150
乌鲁木齐	0.84%	5150	4800	佛山	-0.22%	9048	7150
兰州	0.84%	6194	6600	洛阳	-0.22%	5310	5000
长沙	0.76%	6118	6000	南京	-0.22%	12255	11100
吴江	0.74%	9093	8950	江阴	-0.23%	8309	8000
邯郸	0.73%	4712	4500	镇江	-0.24%	7460	6750
株洲	0.68%	3722	3350	芜湖	-0.26%	5781	4450
西宁	0.67%	4724	4900	徐州	-0.26%	6355	5700
南昌	0.60%	5356	4350	杭州	-0.27%	20597	17800
广州	0.60%	15429	13050	海口	-0.28%	7053	6300
汕头	0.56%	7386	6500	常州	-0.29%	7529	6150
无锡	0.51%	8792	7850	聊城	-0.31%	4332	4650

衡水	0.50%	3127	3000	成都	-0.36%	8023	7150
张家港	0.49%	9783	9800	淄博	-0.40%	4817	4250
温州	0.48%	16216	10550	深圳	-0.47%	25687	21600
马鞍山	0.35%	5456	5600	嘉兴	-0.48%	9018	8600
长春	0.35%	6248	5800	营口	-0.48%	4477	4450
武汉	0.35%	7382	6850	天津	-0.49%	12033	11300
新乡	0.34%	3128	3150	贵阳	-0.53%	4924	4100
石家庄	0.32%	5957	5650	哈尔滨	-0.60%	7729	7400
威海	0.31%	4848	4500	郑州	-0.62%	6779	7000
合肥	0.26%	6015	5250	江门	-0.70%	6901	6300
北京	0.25%	22953	18150	宁波	-0.80%	13617	13300
潍坊	0.21%	4053	3850	东营	-0.81%	4760	4650
绵阳	0.18%	3934	3700	南宁	-0.90%	6192	6050
北海	0.18%	5193	4850	台州	-0.96%	9800	7850
绍兴	0.16%	11218	9150	重庆（主城区）	-1.12%	6616	5700
昆明	0.15%	7493	6800	中山	-1.14%	5840	5000
淮安	0.11%	4077	4100	廊坊	-1.29%	6277	6100
沈阳	0.10%	6436	5850	南通	-1.64%	7587	7050
青岛	0.10%	9586	7950	福州	-1.91%	12786	11250

  如图表中的数据所示，在实行限购令的城市，投资商被阻拦在外，楼市多多少少有"降温"趋势，个别地区的房价出现了同比下降，而没有实行限购令的地区，房价有所上涨。对此，国务院提出，房价上涨过快的二三线城市也要纳入限购范围。

  八月份，住宅销售价格环比下降及持平的城市将近2/3，价格上涨的城市，环比涨幅均未超过2.5%，且涨幅比五月份缩小的城市有24个。房价涨幅较前放缓，说明楼市的宏观调控取得了一定成效。从数据来看，八月份房价涨幅排名前几位的均为二三线城市，已经取代了一线城市，比如日照、赣州、东莞、泉州等。其中，房价涨幅最高的是厦门，为2.39%；日照、常熟、湘潭紧随其后，涨幅分别为

2.33%、2.29%和1.90%；而六月份房价涨幅高达9.3%的乌鲁木齐则涨势减弱。

有关人士分析，由于2011年上半年，一线重点城市实施了限购令，投资、投机性的需求开始向二三线城市转移，从而造成目前二三线城市的房价飞涨。所以，如果你打算在二线城市买房，就要注意了，在没有实施限购令的情况下，投资商的涌入很可能带来当地房价的飙升。

全国的房价在本应"金九银十"的这两个月中出现了普遍性下跌，在这样的大背景下，有专家称楼市的"拐点"已经到来，而房价的跌幅也造成了原购买户的不满，只有二十余家楼盘做出补差价的承诺。在楼市低迷的境况下，持续的低成交量套牢了房地产开发商，同时，手头有多套房产的炒房者，已经按捺不住，开始出售房源，更有人为了尽快回笼资金，不惜跟风降价。所以，2011年末，房价波动较大。

国家统计局统计并发布了2011年10月全国主要大中城市住宅价格的变动情况。据报告显示，新房价格在2011年首次出现环比下降，价格下降的城市陆续增加，房价松动越来越明显。那么，在我们手里闲钱不多的情况下，是应该存钱等待降价，还是咬咬牙买房呢？这就要视自身的实际情况而定。总之，要看准时机。

找到适合你的房子

到底是买房划算还是租房划算,可以结合自身的经济条件和需求来衡量。如果对你来说,买房不是很迫切,那么,租房可能是一个比较好的选择。

不论是一线城市还是二线城市,如果在前几年,问是租房划算还是买房划算,大多数人都会回答:当然是买房。而近几年来,房价越来越高,就要认真思考是否需要买房了。租房就像是给别人打工,像极了旧社会地主给长工一屋片瓦,长工得拼命工作交租一样;而贷款买房则像是给自己打工,因为谁都想拥有属于自己的房子嘛!租到的房子不算家——这是大部分人都会有的想法。

但是,在残酷现实的重压之下,一切只能慢慢来。认为租房划算的人渐渐多了,甚至有些老年人将自己的房子卖掉,拿着钱去环游世界,而一些暂时没有办法买房结婚的年轻人,则正考虑租房结婚。

对单身的我们来说,租房和买房,哪个更划算呢?

经济学家曾经算过一笔账,贷款二十年还给银行的利息,相当于租二十年房的租金。比如在北京,买一套100万的房,首付30万,贷款70万,分二十年还清,每个月的利息就需要3000多元!如果算上装修费用的话,就更多了。相比之下,同样条件的住房,一个月也就 3000 元左右。这样的情况促使更多人考虑暂时回避高房价,一边将首付款和装修费拿来投资,一边等待房价进一步松动,等赚够了钱再买房,先暂时租房住。还有一些人购买能力不足,需要依靠大量贷款才能实现购房目标,超额的贷款会压缩可支配资金及可持续发展空间,相比之下,还是选择了租房。

对于那些家庭条件尚可、父母可以资助一部分资金的年轻人来说,购买自有住房则比较合适。房地产市场有这样一条潜在规则,即投资房产的回报率始终是围绕贷款利率波动的。如果超出了合理的波动范围,那么,在租房需求与待租房源之间就会形成震荡,经过反复调整,才能使市场维持在合理状态。从长远来看,在这样的市场大背景下,租房的和买房不会有太大的差别,因为每月的房租支出不少于月供。

当然,除了生活便利之外,还要考虑自身需要。比如,生活周边环境的好坏、距离工作地点的远近、孩子上学便利与否等等。对于漂泊在外的单身一族来说,工作和生活并不稳定,存款也不足以支付高额的房款,如果没有定居的打算,就没有在当地买房的必要。如果工作稳定或者准备结婚及定居,那么,买房则是迟早的事儿。为了保证在时机成熟的时候,有条件对居住设施进行升级,就要把各项准备工作做好,不错过任何一个优质、低价、高效的买房机会。

买房当然要考虑房价,但更重要的是要考虑自身的需求。

住宅,说到底是给自己提供一个舒适的环境,那么是不是房子越大越好呢?这要综合考虑、全面评估才能做出评定,只有适合自己的房子才是好房子。

如果是一个人住,一室一厅、40 平方米的房子也就够住了,有些资源紧俏的地段甚至有 20 平方米的小户型出售,这样的房子,"麻雀虽小,五脏俱全",是并不富裕的单身人士的首选。等将来有了更大发展、更多资金的时候再换比较大的房子。同时,选择小户型作为单身时期的过渡，负担比较轻，是一种理智的选择。

如果对住房要求高，既要满足户型好、位置佳、周边方便、居住适宜等条件，又想要一步到位地选择住房，那么在最初几年里，还贷的压力是很大的。对没多少存款的单身人士来说，这种买房的方式并不太实际，也不划算。因为本身没有多少收入，而未来的可变因素比较多，如果没有足够应对生活各种事件的应急储备，很容易陷入困境。

高涨的房价与收入不成正比，是目前限制单身族买房的藩篱。我们要做的，就是多赚钱、多存钱，并选择适合自己的理财方式。

买房，不是一个三五天就能完成的短期计划，而是在符合自身发展、迎合自身需求的条件下诞生的一个长期计划，不能一蹴而就，而是需要不懈努力才能成功！

看完这些，心里是不是对房价有数了？你会做出什么样的选择呢？如果你还不确定，那就让我们一起来做个规划吧！

六年规划，步步为营

要想买房，必先理财。要想理财，必须先做规划。而在做规划前，我们先来做个测试：

当你与同事有了意见分歧，你会怎么做呢？

A. 坚持自己的意见

B. 就该问题主动与同事多沟通

C. 不与同事争论，放弃自己的意见

D. 请其他同事或者上司来评理

按直觉，选一个你认为你会做出的决定吧！

选 A 的人：你十分自信，对自己能够赚到钱毫不怀疑。自信是你致富的条件和本钱，但也要警惕由于自己过于自大而导致投资失败。

选 B 的人：你与他人有比较好的沟通习惯。这样的人非常适合担任团队中主持大局、调节协作的职务。因善于沟通而累积的良好的人际关系是你的财富，对你的职业生涯和财富积累有很大帮助。

选 C 的人：犹豫不决是你最大的硬伤。你经常会对自己的决定持怀疑态度，无法快速做出投资的决定，即使已经有了一份相对完善的理财规划，你也无法自我肯定，有可能因为别人的一句话而改变自己的决定。要知道，在理财中随意改变自己目标的行为并不可取。

选 D 的人：你善于听取各方面不同的意见，这个习惯的好处在于能够借别人的意见开阔自己的思路，适时根据情况来调整自己的理财策略，并找到最适合自己的致富途径。同时，缺点也是比较明显的，就是缺乏主见。

这个测试测的是你的**理财盲点**。并非每个人天生就是理财好手，刚开始总会有很多问题，也会有注意不到的地方，这个小测试可以帮你发现自己的理财盲点。

了解自己的理财盲点之后，可以做出一份更适合自己的理财规划。不过，不管选择何种理财方式，以下几点是一定要做到的。

1. 理财目标一定要合理且简单明了

"我在六年之内要有 10 万元的积蓄作为首付款"，这种目标对于工薪族来说比较合理和明确，并且易于掌控。但如果制定"我要在这六年中赚很多钱"或者是"我想在六年之内存到 100 万元全款买房"这样的目标，前者非常含糊，很不明确；后者则忽视了购买能力与愿望之间的差距，可行性不高。

只有目标制定得合理，激发本人的主观能动性，才能更好地去实行理财计划，进而实现目标。当然，在与实际情况相差不大的情况下，可以适当提高理财的目标；当发现目标太高难以完成的时候，则可以适当放宽。毕竟，我们的目的不仅仅是达成目标，更重要的是通过理财去完成"买房"这一行为。

2. 计划要考虑全面

生活中总会有各种意外，有些意外一旦发生，会对我们的理财计划产生毁灭性的影响，比如失业、遭遇意外伤害等。理财计划只有详细全面，做到未雨绸缪，才算是一个比较完整的理财计划。

3. 针对现有条件选择达成目标的方式

你打算什么时候买房？要在哪里买房？首先要确定这两个问题，然后再决定达成目标的方式。

看着节节攀升的房价，想着早买也是买，晚买也是买，不如一步到位买个大房子，于是狠狠心，拼尽全力交首付，过上"房奴"生活。这样想的人不在少数，结果常常是被高额的房贷压得生不如死。面对水涨船高的房价，选择超前买房的人有自己的考虑，一步到位有其道理所在，也为大多数人所接受。

但是，靠借贷一步到位购房，看似省事，其实并不明智。无论何时，理性消费和有规划地利用储蓄工具是购置心仪房产的前提条件。作为一个购房者，应该结合自身需求，全面衡量经济能力，研究国家政策，通过合理的梯度消费，切实改善生活质量，而不能一味地贪大求全，不切实际。

用"梯度消费"的观念来解决矛盾

买房子不必一步到位，也不必一生供养一套房，可以通过租房、买小户型房、选心仪的大户型房这三步递进的"梯度消费"来解决住房问题。不能随意而盲目地扩大消费预期，给自己增加不必要的经济负担。

在我国，居民城市住房产权自有率约为82%，这个数字表明，住房政策

导向中所强调的全民买房观念是深入人心的。同时，这一数据也提示我们倡导"梯度消费"的观念，在经济能力可承受的范围内，选择适合自己的住房，尤其倡议中低收入家庭"先租房，后买房"。改革开放以来，城乡居民收入逐渐上涨，居民消费水平也随之提高，人民生活日益改善。近年来，工业化进程的加快，使得居民收入与消费持平，人民日益提高的物质需求与缓慢提高的经济水平甚至形成了断层，根据这种差距的扩大，可以大致划分出城市和农村的高、中、低层三大群体，各群体消费需求和购买力不同，从而形成了"梯度消费"。单身族的我们，基本属于"兜里没钱，心有万千"的低收入人群，唯有潜力是我们拥有的最大资本。

根据自己的收入及支出来选择适合自己的楼盘

不能一看房就看三室两厅、100多平方米的大户型，我们应该从自己的实际情况出发，好好计划，先满足基本的居住需求，减轻和避免不必要的经济负担，再进一步储值进阶。在这个过程中，培养"梯度消费"的观念很重要。正如前文所提到的，初入社会的单身族，收入并不是很高，如果一步到位买大房子，沉重的房贷会占用大部分收入，导致生活质量下降。在人生的过渡期，选择相对小一些住宅，既可以满足基本需求，又可以提供较为轻松的生活方式。

心中有了未来的蓝图，才能一步步地迈向理想中的温馨家园。"梯度消费"提供的只是一种观念，借助它来实现愿望才是重点。比起来，口袋里没钱还是其次，关键在于有没有规划的意识，能不能向着设定的目标一步步努力。

另外，为了买房的目的，还有以下两个问题是亟待解决的。

1. 如何积累起房屋首付款

首付款是能否买房的关键所在。假设我们的目标是在28岁买到人生的第一套房子，你现在刚刚22岁，计划在毕业后六年内存够首付款。那么，为了这个目标，你需要制订一个靠谱的计划。

首先，要充分挖掘口袋里每一笔钱的潜在价值。 每个月留出一份固定数额的资金，定期定额地进行储蓄，可以为你累积一笔财富。道理很简单，如果公司说要裁员，给你两个选择：第一个选择是一次性发给你两个月的工资并请你走人，第二个选择是将你的薪水调成原先的90%，但工作内容不变。大多数人迫于生活的压力会选择后者。其实，定期定额的储蓄计划和这种情况很像，是强制性地从原有工资中留出一部分用于储蓄，这就是利用有限的资金满足现有生活，并达到累积财富的目的。

其次，合理规划并分配收入，开源节流是必不可少的手段。 有些人说，我自己口袋里那点儿钱都不够用了，怎么可能存得下钱？这是我们不得不面对的问题——"现实很残酷，囊中很羞涩"。我们要利用最少的金钱提高生活的质量，过上幸福且节俭的生活。根据不同用途，把收入分成不同的部分，使开源与节流双管齐下。

再次，要有一份稳定可控的投资计划书。 如果按照你目前的工资，存上十来年也未必能买得起一套房子，那你需要的就不是什么节俭计划，而是换份工作！也可以考虑开发第二职业，赚点儿外快。等有一笔存款了，就可以考虑选择风险相对较小的基金定投等理财方式。如果能有长线的回报，短期利润少一点也没关系，只要能在自己计划的时间内获得相应的回报就可以了。这种类型的理财方式，具有可控性。

2. 了解买房常识

作为购房者，对房地产方面的知识要有基本的了解，因为房屋交易金额巨大，需要慎重决定购买的时机，结合自身的购买力，从而选择合适的房子。由于房地产业是一个专业领域，因此，学习并了解一些房地产方面的知识是绝对有必要的。

了解以上内容之后，你是不是对未来的规划有了初步的想法呢？

这只是开拓人生事业的第一个六年计划，以后还有第二个、第三个计划。当事业蒸蒸日上，所拥有的资源以及财富将会更为富足，你所做的只是要根据自身环境以及未来发展，制定一个周详可行的短期目标，并及时调整具体内容。

第二章

二十几岁的"月光族",怎样才能省下钱

低薪并不可怕,可怕的是没有管理

1. 所谓理财,就是打理好自己的钱财

常常听到身边的同事或朋友说:"刚开始赚钱,什么都想买,什么都要买,缺钱啊!"但是,如果去问年纪稍长的前辈这个问题,他们则会语重心长地告诉你,刚工作的时候是花钱最少的时候。乍看觉得这话不切实际,但是,细细一想,其实还是挺有道理的。"80 后"、"90 后"的我们还没有养家的负担,不用为柴米油盐烦心,更不用支出老婆的脂粉钱、孩子的奶粉钱。我们用拿到手的工资吃饭、K 歌,再勒勒裤腰带买个 iPad,日子过得逍遥惬意。到了月末,我们数着钱包里的钞票撑到了发薪日,然后又是一个轮回。悄然不觉中,日子过去了,钱花光了,我们成了"月光族",甚至是"啃老族"。

年纪渐长之后,生活上的压力逐渐增大,周围的同龄人开始有房有车,再看看自己,才意识到有计划、有条理地规划好自己的财产是多么重要。事业刚开始的时候,是理财习惯的养成期,也是开始理财的最佳时期。越早开始理财,就可以越早地累积财富,更重要的是,在这个时期培养理财意识比较容易,如果等适应了大手大脚的花钱习惯,要改就难了,正所谓"由俭入奢易,由奢入俭难"。

其实理财意识可以从小培养。例如，美国父母会让小孩子帮忙做些事情之后支付一点儿报酬，如果孩子将钱全部拿去买糖果，那么，下次所得的报酬就会减少。同时，家长会教育孩子拿出一部分钱用于储蓄，这种从孩子童年时期就开始培养的理财理念，将会使他们终身受益。

"有金山、银山，不如有一个好习惯"，也就是说，纵然你拥有无数财富，如果没有生财之道，只知花销，金山、银山也管不了你一辈子。正如许多中了百万、千万巨奖的幸运儿，毫不考虑将来，一味地买豪宅、买名车、开派对，几年之后，巨款如流水一般挥霍完了。相反，就算你只能每个月拿固定工资，也可以通过正确、合理的计划，获得富足安康的生活。理财虽然不能使你身价千万，但是它可以给你的口袋安装一个"水龙头"，滴水藏海、聚沙成塔，守住你辛辛苦苦赚来的劳动成果，在平安时给你提供享乐的资金，在灾难或意外发生时为你保驾护航，在你需要安定时提供安居乐业的资金。

但我们同时也要知道，金钱是有时效性的。何为时效性？简单地说，如果你现在赚了2万块，在明年的今天，很可能因为通货膨胀，买块名表后就所剩无几了，也可能因你生财有道，使其翻一番。一切都取决于你的选择，就看你是否拥有理财的头脑以及理财的智慧。

如果你将这2万块存入银行，定期一年，年利率为2.75%，假设通货膨胀率为5%，那么这2万块存入银行的实际利率是-2.25%，再加上利息税，等到取出的时候，这2万元已经贬值了！如果是更大的金额呢？10万？100万？那我们就会亏损得更多。这个例子告诉我们，银行固然可以帮你安全地保管钱财，但也仅仅是保管而已，要想财富增值，还是需要有自己的理财方式。

2. 理财可以帮你保驾护航

人生在世，总会有各种各样的风险和意外，你有应对这些意外的储备了吗？

有这样一个小故事：河的南岸和北岸分别住着两个樵夫，他们在洗衣取水的时候相识，并成为了好朋友。有一年，很久都没有下雨，只有到河的上游才能取到水，两个樵夫就结伴去打水。有一天，北岸的樵夫没有去打水，南岸的樵夫就带着打好的水去看他，当他到了北岸樵夫的家时，发现好朋友正在从井中取水，原来，北岸的樵夫一直都在挖井，最后终于挖到了井水，而南岸樵夫只取水不挖井，只能两地奔波。

你是要做奔波劳累的南岸樵夫，还是要做精明的北岸樵夫呢？

每个人的风险意识不同，应对灾难的准备不同，所以生活方式也不同。有的人未雨绸缪，主动防御灾难；有的人却只能被动承受。理财，可以帮我们争取到主动权。

3. 不要输在开始

李嘉诚有一句名言：30岁以前要靠体力和智力挣钱，30岁以后要靠钱赚钱。这句话很好理解，30岁以前的我们是靠辛勤劳动挣钱的，是努力赚钱、尽力存钱的年纪；30岁以后，投资理财的重要性就逐渐突现出来，人与人之间身价差不多就是在这时候开始产生差距的，人到中年，赚钱的数额差不多就有了定数。

刚出校门的我们，事业与经济发展都才刚刚开始，大家都在同一条起跑线上。在事业长跑这条路上，除了你的赚钱能力，理财意识及良好习惯更是成功的关键所在。我们不断强调理财越早越好，为什么呢？还是数字比较有说服力！

假设年平均收益为10%，你要想在65岁时得到100万元的资产，若从20岁开始投资，每月需投资100元；从30岁开始投资，每月需投资200元，总投入将增至10万元；从40岁开始投资，每月需投资600元，总投入将增至20万元；从50岁开始投资，每月需投资1800元，总投入将增至30万元。

从上述结果中，我们可以很容易地推断出：**投资要趁早，早一步**

把握时间的脉门，才可以更好地利用时间赚取利润。

　　理财是一个长期、持续的过程，在这个过程中，可能很长一段时间都没有太大进展。这时，你可以用一个小方法激励自己，找一张自己理想中居室的平面图或者效果图，打印出来，贴在墙上，当你逐渐有了财富累积时，不妨在图上标注"浴室一块瓷砖赚到了"、"房间的窗帘买到了"、"卧室的床买好了"等诸如此类的话，写满了就换一张纸，每天进步一点点，向着心中的家园迈进。

　　当下，中国民众的理财意识越来越强，国内个人理财产品和理财渠道也日渐成熟，为我们的理财创造了很好的条件。那就抓准机会，搭上这趟"理财快车"，向着心目中的理想生活进发吧！

流水账，一分钟搞定无形流失的财产

是不是提到钱的时候，经常感觉到钱不够花？觉得存不下钱？那么，你们有没有想过自己的钱是怎样花的？花得值吗？

如何把钱花出去，并且花得有意义，这可是门学问！

大学刚毕业的S已经上班两个月了，月薪3000元，住在单位的宿舍。照理来说，他应该能过得颇有余裕，但是这两个月来都是"月光"，而平常的餐费、打车费、话费和水电费等至多也就用去1000元左右，那么，剩下的钱去了哪儿呢？

S仔细给自己算一笔账，不算不知道，一算吓一跳。仅跟朋友出去玩、吃大餐、唱歌、逛街和买衣服就用掉了1500元！至于剩下的500元是怎么用掉的，他全都不记得了。

如何合理而有效地支配你的财产？最简单的办法就是进行预算，一切理财活动的初始，都需要给自己准备一个明确的账簿来规划资产。

同样是"月光族"的M向我诉苦："月收入本来就只有2000多元，每个月一点钱都存不下来，还得厚着脸皮靠父母接济才能度日。"M跟我说了自己跟闺蜜逛街的例子，本来只是带了100块，想买个手套御寒，在沃尔玛逛了一圈，感觉没什么中意的，就随便挑了点儿零食。逛完超市就去旁边的饰品店淘手套，从街头一路淘到街尾，手套买了，看着帽子和围巾挺可爱的，就也买了。可是两人仍然意犹未尽，这时，正好看到服装店里有同色系的大衣，现金已经花光了，就刷卡买了一件。最后，M和闺蜜扛了一堆大包小包回家，也不知道自己究竟花了多少钱。

从S和M收入尚可但存不下钱的例子中可以看出，两位主人公平时的消费是笔糊涂账，没有好好进行记录。

无法掌控自己钞票的流向，是个人理财路上的第一块绊脚石。

也许你会觉得掌控了钱的去向又能怎样呢？记账难道就是理财吗？记账又不能让我的钱变得更多！的确，记账是不能让你2000元的工资突变成5000元，但它可以帮你做到以下两点。

1. 减少过度消费

翻开记账簿，你可以清楚看到自己的钱都用在了哪里，对每一笔花销都心中有数。比如哪些开销是必要的，哪些是不理性的，哪些是根本不需要的，它们各占多大的比例。据专家统计，家庭或者个人的一年结余要占收入的40%左右才是比较正常的。对照这个比例，有助于帮你找到开销的大头，减少不必要的花销。"月光族"如果能好好控制开销，那么在月底也能活得潇洒了。

2. 调整财务结构

记账，被很多人单纯理解为记录收支流水账，其实，它更重要的作用是将钱财进行归纳、分析、总结。比如，单位可以从每年的财务状况中判断下年计划与公司走势，同样的，家庭和个人也可以。通过记账了解财产流向，合理地调整财务结构，从而达到积蓄财富的目的。

在电子商务时代，手边的账簿被大大小小的记账网站和记账软件所代替，它们的界面大致相似，注册登录后，页面会出现很多详细的条款，比如账目日期、现金数额、信用卡金额、储蓄卡金额等，条款还分为收入和支出，对于支出的每一项用途，比如教育、金融、投资等都有明确的分类，还能对用途的名称进行自定义，并进行详细的说明和评论。

在这些网站上，既有供"账客们"自己记账用的私人区域，也有供大家分享收支体会、交流个人理财心得的论坛区，记录的账目可自由选择是否公开。

在此推荐几个记账网站：

● 记账啦账客网：http://www.jizhangla.com/

优点：记下一天开支的流水账，系统会自动分类并统计。还可以定制自己的账户类别和收支类别；根据一段时间的消费情况，系统预算功能会为你做出每月或者每周的预算。如果你花钱太多、快超出预算时，系统就会及时提醒你修改预算或者修改花钱计划。同时，系统还提供了非常专业详尽的财务统计报表、财务统计图以及短信记账等个性化服务，使你对自己的财务状况一目了然。

● 财客在线记账网：http://www.caakee.com/

优点：人性化的自动记账功能，可以自动记录每个月固定支出的房租、水电等；图文并茂的统计与分析功能，使花销一目了然。同时，它还支持数据的导出，可做成EXCEL表格，比较方便。

● 钱包网：www.qian8ao.com

优点：如果你觉得以上两个网站的操作繁琐，可以试试这个网站。此网站的页面简单一些，操作界面的设置也比较单一，登录之后可以看到三种模式的选择，分别是"简单"、"标准"、"情侣"，满足各类人群的需求。点击需要的模式之后，就可以开始记流水账了。记账类别可以按照自己的意向来确定，分为"挣了"、"花了"、"想挣"、"想花"四类，除此之外，还有一个聊天功能，你能在该网站的导航页上找到网友的记账，还有各种挣钱、花钱的评比等，可以跟志趣相投的网友交流理财心得。

借用上面的工具,可以慢慢了解到自己的财产结构,加上分析与总结,逐渐掌握其中的变化,为自己量身定做出合理的收支计划。

举例来说,A女士因每天上下班路途较远,想买辆车。朋友劝她说油价这么高,不如打车划算,她也觉得如此。可是,记了一段时间的账,她发现仅每个月的打车费就是一笔不小的开销,如果刮风下雨,还可能因打车难而误事,还不如买车呢。所以,A女士修订了自己的近期计划,将买车列入其中。

从这一例来看,记账可以帮我们比较出最适合自己的方案,明确哪些是生活的必需品。

上述的记账方式是最简单的。现在许多理财公司根据客户的需求,开发出了很多既实用又简单的记账软件,比如财智记账簿、轻松记账簿、家庭记账软件、EXCEL表格辅助记账等,只要输入相关的数据,一切都可以交给软件帮你搞定。

归根结底,理财就是让人找到自己在财务上的突破口。同时,它也是理财的根基。如果你连记账都不肯做,那么理财目标和理财计划又从何谈起呢?

所以,为了让我们生活得更好,大家在理财时要记得要先从记账开始!慢慢地让记账成为一种习惯,利用账目表指导你消费行为。习惯成自然,过不了多久,你就会发现自己花钱不再像以前那么冲动了。

当然,对我们来说,记账是第一步,只是为了更好地做预算,希望通过合理的预算来安排家庭财务,逐步实现各个目标。在消费支出中,每月的家用、交际、交通等费用都是可以控制的,我们要对这些支出好好规划,并合理地花钱,使每月可用于投资的金额保持相对稳定的水平,这样才能更快捷、更高效地实现理财目标。

量入为出，聚沙成塔

"积少成多，聚沙成塔"是一个很重要的理财概念。如果能意识到这是一个循序渐进的过程，那么前面所说的"没有钱"或者是"钱太少"等原因不但不会是理财的障碍，反而会是激励我们理财的动力。

1. 不同的理财方式导致不同的人生

小陈，25岁，本科毕业，工作三年，月收入2500元左右，未婚；小刘，24岁，专科毕业，工作三年，月收入1500元左右，未婚。如果单单从月收入来讲，小陈应该存了更多的钱，但事实并不是这样。在公司工作了半年，小陈存折上的数字是600元，而小刘的存款有3600元。为什么会有这样的不同？看下去你就知道了。

单位：（元）

	小陈	小刘
衣	大商场买，500	小商店买，300
食	食堂、饭店，700	自己做、带饭，250

住	市中心，一居室合租，400	郊区与人合租，50
行	公交、打车，400	自行车、公交，150
其他	通信、上网、旅行、娱乐，400	通信、书籍、上网，150
月收入	2500	1500
每月剩余	100	600

为什么会这样呢？这里涉及一个消费概念的问题。影响消费的因素有很多，主要归结为三类：**收入、利率和需求**。并不是说收入越高的人消费就越高，高收入人群只是更有能力消费而已，决定实际消费数额的还是来自自身需求。

从小陈和小刘的例子里可以看出，决定他俩消费的主要因素是生活方式和需求的不同，所以薪水比较少的小刘反而能存下更多的钱。这样的两个人，在应对工作和风险的时候会有怎样不同的表现呢？正如我们所看到的，已经小有存款的小刘，按照他目前的生活水平，最少可以撑过三个月的无薪期，所以他现在是"手握粮草，兵马稳步"，为了有更好的发展，小刘联系了一家更大的公司，商议着跳槽事宜。

再看小陈，虽然工资略高，相比之下生活却更为紧迫，仅仅600元的存款，不仅对付不了一个月的房租，就连吃饭等常规开销都成问题，更别提应各种突发事件了。所以，小陈自嘲"连生病都生不起"，更不敢计划跳槽或者进行学习充电之类的事了。

2. 理财在于积累，财富源于节俭

小杰是个典型的"80后"，早在高中时就受到已经工作的表姐的影响，有了一定的储蓄意识。虽然只是简单地将压岁钱存定期，但也算是比较不错的，因为同龄人大多还处在懵懂的花钱时期，小杰就将压岁钱分别存了三年和五年的定期。

顺利升入大学后，小杰每个月都将生活费做简单的规划，所有

的支出都在自己的掌握之中，合理地计划自己的花销，所以他每个月基本都有结余。于是，他将省下来的那部分生活费继续定期存入银行。

工作后，小杰的工资一般，不过，他每年都会制定储蓄计划。就这样，小杰的钱慢慢累积起来了，有了一定的资本。不久前，他在跟同事聊天时了解到国债和基金，正巧同事在做这方面的兼职，于是他就拜托同事讲解了一下投资是怎么回事儿。小杰心动了，于是他开始了理财的第一步。从储蓄习惯上来看，小杰是比较保守的，所以同事推荐的是风险系数小的国债，小杰拿出储蓄金的一半买了三年期的国债。

这两年，兴起了一股人民币理财产品的热潮，不大了解的小杰尝试着投入了2万元，收益在4%左右，比定期储蓄利润要高一些。

让小杰真正下了苦工夫研究的是基金。基金定投方式比较简单，也比较适合上班族长线购买。他先在各网站了解信息，查看基金购买要点；又查看各个基金公司的综合实力，结识基金经理；还从经济类的电视节目中了解到一些推荐基金，了解基金发行的基本情况。经过反复比较和慎重选择，小杰选择了几只自己比较看好的新基金，后来，这几只基金的回报率都超过了6%，算是一笔不小的收益了。

从以上例子可以很明显地看出，理财的要点并不在于你每个月能赚多少钱，而在于你能够将你的钱"照看"到什么程度，避免它们不知不觉地从指缝间溜走。《荀子·劝学》中提到"不积跬步，无以至千里；不积小流，无以成江海"。这句话告诉我们，任何庞大的数字永远都是从小小的"1"开始的。作为一个理财人，你永远不能认为自己无财可理，只要有经济收入，就应该开始尝试规划理财，长此以往，你必然会得到理财给你带来的丰厚回报。

在某种程度上，理财和我们平时整理房间有着异曲同工之妙。如果是一间宽敞的屋子，东西太多，需要收拾整齐，才能保证及时找到各种物件；如果屋子的空间狭小，就更需要仔细且有条理地整理和收拾了，这样才能保证足够的空间容纳所需物件。我们将这个观念扩展到个人理财的层面，即收入越少，可支配的钱财越少，就越需要科学、有效的理财方式将有限的钱财打理好！

综上所述，我们得出这样一个简单的道理：理财，就是要根据自己现有资金的状况将财务理顺，不能因为目前手里钱少就不理财，钱少时更需要开源节流。

冲动是魔鬼!

1. 时刻警惕魔鬼般的冲动

在投资理财方面,控制情绪有重大意义。"股神"巴菲特的导师格雷厄姆说过这么一句至理名言:无法控制情绪的人不会从投资中获利。可见,一个人的情绪影响着对投资的决定。

"冲动是魔鬼",情绪容易失控的投资者总是会陷入无条理的冲动状态中,或是无视风险冲动地投资,或是由于崩盘与机会失之交臂,难以把握投资命脉。例如在股市,投资者很容易吃到"牛熊"的苦头,原因在于当牛市行情一片看好时,他们难以把握好自己的情绪,幻想持续的繁荣,于是盲目大胆地买进;当遭受暴跌的打击时,便灰心丧气,发誓再也不碰股市,完全让感性来代替理性,错过新的机会。投资一旦失去理性,那还怎么得益呢?

投资理财是一个长期的理性行为,甚至可以贯穿我们的一生。这本书的目的是让读者能够通过基本的金融知识讲解与实际运用,获得买房的机会。然而,在你买到了第一套房子之后,理财也绝不该停下。一名好的投资者,明白市场风险的大小,能保持冷静,规避情绪给投资带来的影响,不会被市场情绪所感染甚至受到误导。投资时要做到"不以赚狂，不以赔哀"，从长远看问题，始终理智地分析判断，让大脑掌控财产，让理性正确的投资头脑控制选择，杜绝买卖冲动，这样，你才能稳步发展，而不会让失望与负债充满你的账单。

2. 做到理智消费，对抗"魔鬼"

要做到理智消费，其实一点都不难，只要平时带上理智去思考问题就可以了，而生活中尤其要注意的一点就是要减少不必要的消费。有时候，恰恰就是这些被忽略的细节让你的钱包悄悄地空了。所以，无论我们是在消费还是投资的时候，都应该让头脑处于清醒状态。针对消费，要仔细考虑好以下问题。

什么是生活必需品

明白到底什么是生活必需品，哪些是需要买的，比如今天要做的菜，沐浴露要买什么牌子之类的。而很多可有可无的东西会让你纠结，比如新款的 MP4 降价了，想买；iPhone4S 出了之后 iPhone4 降价了，想买；施华洛世奇水晶最近做活动降价了，也想买等等。其实，这些并不是一定要买的。

不知不觉中上升了的价格

在浏览购物网站的时候，你会发现有许多好东西的价格便宜得不可思议，等点进去一看，优惠价时期已经过去了，现在是原价。同理，有很多广告，宣称是非常低廉的价格，可是当你真的掏钱买的时候，会发现实际价格要比广告上宣传的价格高点儿，甚至与市价相差无几。还有的时候，在超市买东西，特价标签上的货物已售完、特价活动时间已过，都在无形中为你的钱包瘦身了。

警惕"包月"陷阱

举例来说，电信公司有时候会给你开一些免费的包月项目，免费三个月，从第四个月开始收费。我们享受到了每天准时到达的包月项目之后，很难有印象这到底是什么时候开始的，往往等到扣了几个月的包月费，觉得话费用太快才会去查账单，发现这些无形的"扣费杀手"。还有一些包月收费，比如健身卡，其真实包含的项目并不像我们认为的那么齐全，超出了包月范围的消费往往就是在无形中发生的，所以，在放心消费之前，一定要先了解好包月项目所涵盖的真实内容，不然拿到账单时一定会痛心疾首。

被打折所迷惑，陷入购物错觉

逛街时，看到了一件漂亮合身的高档晚礼服，价格不菲，不过有超低折扣，算下来可以承受得起，心动吗？在看的时候你就必须考虑这个问题了，我用得上它吗？一个月用得上几次呢？相信我，这样考虑之后，你会发现开支可以省下不少。

一次性大量采购需要警惕

去逛超市时总是会遇上打折、促销之类的活动，比如明明不需要牙线，可是看到个人卫生用品区满金额可以送购物袋，尽管只需要一把牙刷和一支牙膏，为了得到优惠还是增购了盒牙线以凑足消费额，得到购物袋。或者正赶上食品区促销，多买多便宜，就放开胆子往购物篮里放，觉得总是要吃的，囤积总没错。可是要想到，食品是有保质期的，白白放在家里便宜了老鼠或发霉了可就得不偿失了。

网上购物选择可靠卖家

网购便捷轻松的特点深受网民欢迎，但对于宅在家里的"网购达人"来说，最头疼的是网上购物只能看图，不能看到实物，如果商品有瑕疵或者不适合的话，真是赔了夫人又折兵，所以在网上购物时，要尽量选择可信度高的卖家，减少不必要的损失。

谨慎选择信用卡

现在已经进入"刷卡时代"，信用卡的普及可以帮我们解决带很多现金的问题，也可以实现超前消费，但是，信用卡带来方便的同时也带来了一定的苦恼。许多人往往是刷卡的时候大笔一挥潇洒签名，但是等账单寄到的时候又后悔不迭。并且，信用卡的使用有几个需要注意的问题，使用不当的话，恐怕得不偿失。

举例来说，信用卡的提现利息不高，但是提现手续费高得吓人，办卡的时候银行可不会事先说清楚这种小细节，除非你提前问到了。另外，如果你一时周转不灵，不能及时全额还款的话，滞纳金也是非常高的，大家往往都是在吃过亏之后才会记得"天下没有免费的午餐"。

冲动是个魔鬼，利用一时冲动消费心理的信用卡则是"魔鬼的诱惑"，不得不慎重！当然，这并不意味着你完全不能使用信用卡，有时信用卡的确可以应对偶尔的不时之需。

说到底，一时的冲动消费也无非就是买个乐子，生活中不可控的因素太多，留出一部分资金作为流动资金，比固定每一笔资金的流向要灵活得多，只要不成为冲动的俘虏，战胜了冲动就是胜利。制订一个灵活又有规律的计划，然后执行它吧！

Tips

避免冲动消费的小妙招

★给这些项目定个底限，如：交际应酬、购买奢侈品。

★分配好预算，按预算办事，执行得好，可自我奖励一下。

★节余的钱存入银行，每次出门只带一张限定可消费数额的卡。

★逛街前先想好主要购买的物品和大概的支出，做到心中有数，不盲目购物。

★交际圈中的人选很重要。有良好消费习惯的朋友值得亲近，而那些以"败金"为时尚、不顾一切追逐面子、爱好名牌的朋友应该慎重对待。

★如果对自己的自制力没有自信，那么对号称"信用毒药"的信用卡就一定要谨慎，可以干脆不去申请。

购物计划与清单
帮你了解生活细节

1. 列好购物清单，去 Shopping 吧！

在开始购物之前，你是不是都会为自己准备一份购物清单？

省钱的最好方法就是做到有的放矢，将钱花在最需要的东西上。在购物之前，列出你所需要的物品清单，每月进行一次必需品大采购，以满足生活需求，这是一套行之有效且节省人力、财力的好方法。如之前所述，为了买一副手套而买回一堆可有可无东西的情况，可有效避免。

另外，消费时集中单据凭证也是非常重要的工作。第一，这些不起眼的小票可以帮你记账，发票上会记录你消费的金额、品名、时间等，一目了然；第二，如果购买的产品有出现质量问题需要调换等，可以凭发票来维护自己应得的权利。

除此之外，银行每月的扣缴单据、借贷收据、刷卡签单及存取款单据等，也要保存好，最好能够固定用一个收纳箱分门别类收纳。收集这些凭据的同时，可以按照消费的性质分类，比如生活必需品分为衣、食、住、行、投资、娱乐等几大类，每个项目按日期顺序排列

好，以方便日后统计。

长期积累下来的购物清单还可以用来了解生活消费的方方面面，也可以用来制作个人理财小表格。不要小看这张表，很多朋友都是典型的"不填不觉得，一填吓死人"。

坚持每月抽出时间查看，再根据自己具体的收入和支出项目，计划好下个月的资金分配。我们还可以把"食"一项的支出从日常生活费用中单独提出来，除以自己的总收入，得到的就是大名鼎鼎的恩格尔系数（恩格尔系数是衡量个人生活水平的指数，系数越小，水平越高）。类似这样的分析还有很多，目的只有一个，就是让你对自己的收支情况做到心中有数。在充分了解之后，通过合理的调整，来增加自己手中的资金。

比如，你这个月买入了许许多多的零食，时不时吃点、丢点，隔三岔五跟同事朋友出去 Shopping，生活过得十分惬意，钱花得十分爽快。但是，到月底前存款就花光了，一分钱都没存下，这肯定是不行的。每天花两分钟在记账网站或在自制的表格中填写好当日支出，一个月下来就会发现大致的资金流向了。

有的放矢地改正自己的不良习惯，才能培养好的理财意识以及省钱能力。

2. 个人资产负债表告诉你财务状况

在了解每月收支情况之后，可以尝试着完善个人（家庭）资产负债表，通过这一过程的学习掌握自己的财务实力和投资能力。

个人（家庭）资产负债表比较专业一点，它的主要作用是反映个人在某一时期的财务状况，属于会计报表的一种。没有学过会计的我们可以不用做得很专业，但是一定要做。因为它的作用显而易见，不仅可以帮你了解家庭现有资源，还可以帮你改善消费习惯，让财产尽快增值、提高个人信用度。

建立自己的资产负债表，是我们为买房拼搏的整个理财计划中跨出的第一步。身为单身人士，不动产，没有；存款，少得可怜；现金，总是不够花；投资，纸上之饼。

通过查看资产负债表，可以清楚明晰地了解以下情况：

1. **资金来源的构成**。包括债务和收益，家庭与环境的经济往来关系等。

2. **家庭的财务实力、偿还债务的能力**。同时，还可以对资产结构的发展情况和财务状况的走势做出一定的评定，由此估价。

3. **家庭资产评估的第一手资料来源**。可以比较准确地说明家庭的财产状况。

4. **统计出家庭净值（净资产）**。家庭净值的含义为总资产减去总负债，因此个人（家庭）资产负债表又可叫做资产净值表，或者净资产表。

对此表进行一系列的财务分析，可得出**现金流量、收支比例、消费与投资比例、投资结构**等，为你的投资理财决策提供依据。

简单地说，资产负债表就是给自己估个价，不光是每个月花销多少、收入多少，还要纳入考量的是债务以及经济往来关系，是一个全方位的评估表。这不仅仅是做一个收支表，不同于之前提到的实时动态的记账，资产负债表是一个静态的断面，是一个全面的展示平台。资产负债表的另一个作用就是可以从这个点的数据深入了解、评估自身实力以及发展，对财务状况的走势做出评定。用数据说话，来给理财垫好基石。资产负债表决定了长期的目标，剩下的就是将长期的任务化整为零，一步一步实现各个短期目标。

在对自己的资产有了大致了解之后，我们就可以开动理财计划了，那么，如何花钱才是最合理的呢？

刀刃？刀背？当然是用在关键点上啦！

1. 每个月花多少钱才算合理？

年轻的朋友们每个月都做"月光族"，当然不可取，但是如果因为计划买房而过着苦行僧一般的日子，每一分钱都斤斤计较，让畸形的理财把自己变成"守财奴"，这也是要不得的。我们所倡导的理财，是一种攒钱与享受并重的科学理财方式。所以，要将消费和投资保持在一个精妙的平衡点上。

首先，在消费这点上，一个人或者一个家庭的月消费占月收入的多大比例才是合理的？影响生活质量的最低限度是什么？经过多年研究，专家给出了一个范围，即40%~60%，就是说你每个月的消费支出如果占到了你的总收入的40%~60%，那么你的生活则处在了理财与享受生活的最佳平衡点上。

我们调转注意力，来说说投资占收入多大的比例才算比较高效的问题。专家建议净投资比率应在50%以上，即投资总额除以净资产得出的比率。专家的建议仅供参考，还是要实际根据自己的情况来规划。国债、基金、股票这些能够在短期内直接产生收益，它们在资产中所占的比率越高，越说明我们的投资多元化，也就是说我们能赚到钱的渠道就越多。特别是随着年龄与资历的增长、身价的提升，这一比率应当逐渐加大，这样我们对于月收入的依赖性就会降低，也意味着我们在财务上的自由度变高，从而能够抵御失业等意外所带来的风险。如果说一个人不用经手副业，只靠自己买基金和股票的收益，就可以支付日常开支，那么他的财务自由度是非常大的。除去基本的生活消费，他可以不用为去赚一点加班费而苦守在办公室加班，这在无形中解放了自己的时间，可以有时间进行更多健康的娱乐活动，如外出旅游等。

2. 做好财务管理，做到合理消费

要想把个人的资产调整到上述的最佳比例，我们必须有规划，如进行财务管理。下面就以小季的情况为例，看看应该怎样做。

（1）一定要坚持收支两条线，分线明确管理

在长期的投资生活中，小季摸索并总结出收支分两条线管理的好处，即分开列出，账目分明，一目了然，便于自己掌控收入与支出的比例。小季有两张银行卡，一张是工资卡，用来做收入卡；一张是消费用卡，每次要用钱就预先计划好消费金额，转账到其中。

（2）了解自己的收入，坚持做好预算

在每个月的工资拿到手之后，小季做的第一件事情就是把每月固定用来储蓄和投资的钱扣除，随后将前期的消费列出清单，了解到自己大致花销的方向之后，做出适合自己的预算。如果这个预算的比例超出了每月的消费比例，就将其中不那么必要或者并不急需的消费从清单中剔除，或者先列入下个月清单中。

这是一个月的总预算，然后，每次出门大采购也要先列出清单做好预算，做到有的放矢。分清必不可少的东西与暂时不需要的东西，如果消费清单表之外的东西有比较难得的打折机会，可以适当考虑。

小季也善于打理钱包里的钱。他有两个钱包，一个小点儿的平时出门用，一个大的放在相对安全的柜子里，装有一个月预计的零花费

用。平时出门买个小玩意儿，就从大钱包里取出一部分钱出门，能不带信用卡就不带。有了这样一个取钱的过程，就会有一种心理暗示，直观地看到钱在减少，自然而然就会产生危机感，进而减少冲动购物的次数。

(3) 有意识做到专款专用

小季给自己的各项专款分类，就是每年固定要交的保险费、一年的旅游费以及整年中购买高档消费品的花费。当然，每个人对高档消费品的定义不同，选择适合自己的就好。小季在每年年末发奖金的时候会进行下一年的预算，计划出旅游费、旅游时间、旅游地点，核算一下最少要多少钱才能玩得痛快，准备好一个差不多的数额。每年要交的保险费用也是确定的，只要在交费的日子准时划账就可以了，根据保险时间的长短，计算出每个月最少需要划出多少金额，做好预算，然后再根据实际情况来调整。不会将较大支出的专项消费排在相近的时间段内，至少留出一个月的缓冲间隔，让自己的财务状况"松口气"，避免在某个时间段内支出过多，导致捉襟见肘，影响正常的理财。

(4) 不论衣、食、住、行，发票要保管好

每次在商场等地消费后，小季都会去柜台索取发票，他把消费收集的发票按照时间顺着放好，集中装在一个空饼干盒子里。闲来无事的时候，将其中记录好且过期无用的发票剔除掉，小季说，看着一摞厚厚的发票，会有一种"啊，我原来买了这么多东西"的醒悟感。在回顾的时候，如果看到价格比较高的物件并没有太大的作用时，会愧疚反省，如此反复下来，达到提醒自己理性消费的目的。

(5) 明白住宿在哪些方面可以帮你节省

●合租

合租的好处有很多，最重要的是可以为合租者省钱。面积略大的房子平均下来每平方米的租价其实低于单人间的价格，比如小季现在所租住的这条街的租金，35平方米的一套一居室，月租金700元，而在同一条街上的60平方米的二居室，仅要1000元、三居室则只要

1200元。平摊下来，绝对比独租一居室要划算，而且合租者之间可以相互照顾，比自己单独居住更好。

● 房源可以找稍远的

繁华区域的房源，房东不愁租不出去，而且交通便利，一般价格比较高，房东轻易不肯降价。所以，囊中羞涩的小季选择了离繁华区稍微有些距离的房子。

● "反季节"租房

租房行情看涨的时节一般是每年的暑假、寒假结束或年末年初，这时由于学生毕业和进城务工人员的增多，租房的需求会大大增加，导致房源供不应求，出租金额很难降低。针对这一点，小季套用了生活中购买反季节衣服的经验，在高峰期后再去租房。

● 对房屋位置及便利程度以外的条件没有过多要求

租房不是买房，没有必要将户型列入必需的范围，甚至说可以将户型的缺点当做砍价的"武器"；楼层选择也同样如此，低楼层免去了爬楼之苦，高楼层也不一定就不好，就看怎样与房东交涉；再就是装修状况，毛坯房的租金比任何装修过的房子租金都要便宜好多；还有就是家电，只要有生活必需的电器，比如洗衣机。如果有宽带和电脑，连电视机都可以省了。反之，如果家电齐全多样，就意味着租金不会低廉。

经过了层层把关、严格筛选、精打细算，这样看来，我们生活中各种钱财流失就显而易见了。把钱花在最需要的地方，而那些可有可无的地方，则能省一分是一分，我们要做戒骄戒奢的"省钱达人"，一切与节流冲突的行为都是必须自我检讨的！

另外，只有在累积了一定的资金之后，才有资本用钱来生钱。人生的第一桶金是最难赚的，也是含金量最高的，有句俗话说，从1元赚到1万元是不容易的，从10万元赚到20万元是简单的。

将生活得过于苛刻也没有必要。我们理财的目标是为了更好地生活，如果因为一味地省钱、一味地存钱而苛待自己，便与莫泊桑笔下的玛蒂尔德无异了。

低成本也可以享受一把

我们精打细算地理财、节俭地生活，是不是就意味着我们得竭尽全力把钱全部拿来投资呢？当然不是，我们要做就做"能挣会花，善于投资"的人。

1. 花少的钱享受购物的乐趣
英国首相夫人切丽与一双凉鞋
英国首相布莱尔的妻子切丽很喜欢在网上购买称心如意的物品。有一次，在浏览 eBay 网的时候，一双大方精致的凉鞋让她留恋。卖家宣传说，这双凉鞋精致大方，"跟高 4 英寸（10 厘米），非常漂亮，很适合在夏季、婚礼以及晚间社交场合穿着"。短短的几句话，迅速引来了十几名有意购买者，因为在比较大的商场，这样一双凉鞋至少也要 35 英镑。经过一番热烈的讨价还价，最后切丽仅仅花了 15 英镑，就买到了这双漂亮的二手凉鞋。部分和切丽有过二手交易的人无意间透露，她在 eBay 网上还买到过更加廉价的物品，比如，用不到 1 英镑的价格买到有"维尼熊"图案的小闹钟，还用 1.99 英镑买到两盘迪斯尼录像带等。

在英国历史上，年薪25万英镑的切丽是第一个全日制工作的首相夫人，还是著名的大律师，她和布莱尔有四个孩子需要养育，这是个沉重的生活担子，连年薪25万英镑的切丽尚且如此享受低成本购物所带来的乐趣，我们又何必一味追逐超出自己承受能力的高额消费呢？

项链

莫泊桑笔下的玛蒂尔德是个美丽的女子，她的丈夫只不过是个小职员，支付不起晚会所用的昂贵首饰。于是，她向自己富有的朋友借来了一条镶钻的项链，在晚宴上度过了几个小时的愉快时光，可是讽刺的是，项链丢了。为了短短的几个小时，玛蒂尔德付出了高昂的代价！为了购买同款的项链在朋友面前能够挺直腰杆，她花了一生默默地攒钱，拼命地打工，玩命地赚钱。结果呢？朋友所借出的项链，是个只值几百法郎的便宜首饰。

这个故事很讽刺，首饰的真假有那么重要吗？对于各位单身女子来说，购物和装扮自己的乐趣，并不仅仅是在一块石头上面吧？与其选择那些昂贵到不得不提心吊胆、小心呵护的首饰，不如选择便宜精美的小饰品，只要整洁、大方、美丽，不就足够了吗？看看施华洛世奇的水晶，高贵吧？人工合成的。

所以，在选择如何享受的问题上，首先应该考虑是否适合自己，然后再综合经济承受能力和购买欲望，量力而行。

2. 低成本、高享受的三个消费原则

现在我们所面对的状况是：80%的中国人是低收入者，也就是普遍意义上的"穷人"。囊中羞涩的窘迫生活，磨炼出了中国人勤俭节约的生活习惯，节约是指能够更加合理地消费。要做到合理消费、适度消费，则应该综合考虑到以下三个因素。

第一，适合现有需求。

选用消费品，应该理智冷静，不要盲目扩大预算，一切以符合自

身需求以及承受能力为首要条件。一切以实用性为主，不能说今天想买个掌上电脑就一定要追赶潮流买最新款的。然后，才能在可选择的范围内做出最适合自己的决定。

第二，满足特定需要。

如果你想买的产品的类型、质量、数量，都能够满足某些方面的需要，但它完全用不到，比如在汽车厂修理技工的职业环境中，汽油味儿非常重，如果想买瓶昂贵的香水每天上班用，就完全没有必要。

第三，眼光要放长远。

如果公司给你奖励了一笔数额为5000元的奖金，你会用它来干什么？买心仪已久的名表？新马泰三日游？给父母买个按摩椅？其实，重要的是能否充分利用这笔金钱的价值。你可以用这笔钱的一部分来享受，另一部分生出更多钱；你也可以全部拿来再投资，以投资的乐趣满足自己；你当然可以将它一下子花干净，好好犒劳自己，反正它不在你的预算清单上。利用好这笔意外之财，赚取最大的价值也很重要。这里提到的最大价值，并不仅仅是说用它能赚到多少钱，而是说如何花钱更好地改进和享受生活。

3. 适当放松是为了更好地工作

"能挣会花"给人的印象是积极向上的，这是一种正面的生活态度，相对于我们平素勤俭持家的传统理念，更为积极主动、富于创造性，而且后劲十足。试想，你挣到了大笔的钱之后，并不沉溺于整天计算赢利多少，而是将所获得的收入用于扩大再生产，同时，不断地充实自己，用于智力投资。比如，花钱买一些能够受到启迪的书籍；欣赏祖国的大好山河，放眼世界，远足出游等，既可以享受生活，又可以丰富知识、提高素质，是给自己充电、继续创造自身更大价值的长久之计。

有了点儿钱，除了吃好、穿好，还得会调剂生活。有时候，我们计划着出去玩一趟，倒是也能调剂生活，但这一去，成千上万的钱可就没了，心疼啊！实际上，换位思考一下，休息是为了走更长远的路，出门散心可以减轻在办公室积累的沉重压力。旅游时既能够与朋友进一步交流感情，又可以丰富见闻、开阔视野，既放松了心情，还能锻炼身体，让你赚钱的动力更足，所以说，旅游实际上是增值行为。

不光是旅游这等开支大的项目，平时的小小放松也是一个享受的机会。学会从简单的小事中享受到快乐，远远比特意计划惊喜和派对来得轻松惬意。其实放松很简单，最便宜也是最奢侈的一项放松就是：发呆。对于忙忙碌碌的都市单身黄金人士来说，一分一秒都是珍贵的，拿来发呆似乎有点儿浪费了。其实不然，有节制地抽出时间，清空你的大脑，在繁忙的午后，捧一杯热咖啡，懒洋洋地晒会儿太阳，看看高楼之外的风景，既能缓解疲劳，又能理清下一步的工作思路。

我们勤勤恳恳地工作是为了享受更好的生活，理财的意义在于倡导现代消费观、提倡以积极的态度面对生活的顺境与逆境，让人们在创造和积累财富的同时，还能"该出手时就出手"，合理消费、理智投资，进而慢慢地提升个人的生活品质，向着买房这个目标一步一个脚印地前进，最终一定会实现。

第三章

万儿八千的在手，天下我有

人生的第一桶金决定未来

对于事业刚刚起步的我们来说,要展示自己的才华,实现人生目标,通过工作和收入来体现自己的人生价值,那么,能否赚到人生的第一桶金,是决定成败的第一点。

对于尚未成家立业或者即将成家的单身一族来说,暂时还没有那么大的家庭经济负担,如何履行对家人的责任呢?辛勤的工作能否保证自己的成功呢?所以说,赚到人生的第一桶金,为家庭和事业提供保障是非常重要的。

等有了人生的第一桶金,就可以向更高的目标前进。那么,到底多少钱才算第一桶金呢?有人说10万就可以,有的人说要50万才能起步,还有的人一开口就是要赚几百万。还是让我们脚踏实地,从最少的开始,也就是从你人生第一个10万元开始吧!

如何赚到这10万元呢?让我们先来好好分析一下。

10万元 = 10元 × 10000次
10万元 = 100元 × 1000次
10万元 = 1000元 × 100次
10万元 = 10000元 × 10次

分解这10万元是十分重要的。你可以根据自身条件、所处的社会层面、自身知识的储备量、自身能力的高低和掌握到手的社会资源，确立每一次达成目标的基本单位。如果你有能力，能够每次赚到几千或上万元的利润，那么，你只要努力十几次，就完成10万元的目标。

现实往往并不会如此顺利，毕竟对于我们大多数人来说，高薪的工作机会比较少，但只要把握好每一个细微的赚钱机会，锁定最低目标，每次做金额较小但成功率相对较高的项目，一次赚取几十元或几百元，积少成多、聚沙成塔，努力1000次或者100次，就完成了对你人生第一桶金的积累。

从生活角度来说，这样也比较实际，风险和利益在一定程度上是相伴的，如果这次拟定的目标是得到至少1万元的利润，那么，根据提成的10%来计算，你就必须给客户提供金额达到10万元左右的合同。关键就在于，你是否有能力签到这一额度的合同，以及你能否承担失败所带来的风险。

如果你选择好了第一桶金的基本拆分单位，就可以根据所从事的行业来决定利润的多少。如果你具备高科技知识技能，就可以选择科技产业，虽然在成功之前可能要经历很多困难，但成功后有可能得到几万元甚至是几十万元的丰厚回报。如果你尚处于初出茅庐的阶段，经验技能也不丰富，就选择风险小一点儿、利润回报薄一点儿的服务业或者娱乐行业，哪怕一次只赚到几百块，只要坚持不懈，也能够完成对人生第一桶金的积累。

如何赚到创业人生路上的第一桶金？

假如有五十万家注册企业是你的潜在客户，那么，你只要选择其中的一百家，并为这一百家企业都提供类似的服务，一家赚1000元，就能赚到这10万元了。

让我们来看看其他人是如何赚到人生的第一桶金的。

化妆箱里的第一桶金

方芸是个传奇,学建筑设计出身的她,从1993年创立云翔设计事务所到现在,已拥有资产3000万元和三家建筑设计公司,她成功的经历很独特,也很有意思。

最初,方芸跟朋友开的小公司是非常简陋的,在饭店租了间房,就算总部了。她随身带着一个小化妆箱,里面装的却不是化妆品,而是她们公司的发票还有印章,正如她所说:"我的事业是从这个化妆箱开始的。"

天生具有亲和力的方芸有着扎实的专业背景,能够取得客户的信任,客户们都将项目放心地交给她。一来二去,她的公司逐渐承担了几个大的项目,小公司的规模不断扩大,她人生的第一桶金也就这么在化妆箱的陪伴下被挖出来了。

身为广告公司职员,刚开始连媒体是什么都不清楚

徐乙元大学毕业就开始工作,在短短的一年间,她就开了自己的公司,并在随后的一年里开始涉足影视行业。看着自信美丽的成功女人徐乙元,你是否会有一丝危机感呢?

1997年,徐乙元还什么也不懂,她在朋友的介绍下来到广告公司打工,问别人什么是媒体,那人睁大眼睛不可思议地反问她:"你是这家广告公司的吗?"

乙元没有因为知识的缺乏而退缩。她不怕别人嘲笑,认为不懂其实没有什么,可怕的是不懂还要装懂,这样反而学不到东西。她很聪明,肯下工夫学习,老板认为她悟性很高。不到半年,乙元就签了几个大单,其中一笔高达2000万元,成为公司业绩最出色的员工。在别人艳羡目光的背后,是乙元刻苦努力的学习和认真勤奋的工作,她凭借努力实实在在地挖到了自己的第一桶金。

从35平方米起步,经营出自己的第一桶金

罗正培拥有一家占地约3500平方米的美容美体休闲中心,而这

个大型中心的前身，竟然是一个面积不足35平方米的小美容院。条件最艰苦的时候，资金极度缺乏，罗正培还是借钱才开起的这家美容院，刚开始，店里的美容项目仅仅是个位数，原因是她没有手艺。但是她没有因此气馁，而是四处拜师学艺，手艺越来越好。渐渐地，口碑自然打响了，常来光顾的回头客越来越多，小小的一间美容院，生意开始兴隆起来。到了后来，她干脆辞去工作，一心一意地和从家乡来的妹妹一起经营这家生意日渐兴隆的美容院。

很偶然的一次机会，罗正培发现了一个闲置的地下室，面积广，租金便宜，如果搬到这里，既可以将美容院的规模做大，又不用投资太多，还可以利用"卧龙花园"便利的交通优势。拥有慧眼的她就将这几年攒下来钱全部投进去，注册了一家公司，开设了会员制的美容中心。那时，北京的会员制美容中心市场极其稀缺，大规模的更是凤毛麟角，她开的这家店可以说是天时、地利、人和兼备，再加上多年累积的口碑与人脉和实实在在的专业经验，罗正培的美容院一跃成为北京屈指可数的女子休闲美容中心。她人生的第一桶金也就这样圆圆满满地被挖掘出来了。

几乎所有的成功人士都会告诉你，人生的第一桶金，要赚起来是十分不容易的。孟子有言，天将降大任于斯人也，必先苦其心志，劳其筋骨。要做出一番事业，挖到人生的"金子"，就必须经历一个循序渐进、吃苦耐劳的过程，这个过程可不是一蹴而就的。

挖到人生第一桶金的过程可长可短。有的人机遇好，一下子就挖到了人生的宝藏；有的人却劳而不得。然而，得失之间有不少差异，也不必太过在意。我们的理财目标，是培养良好的习惯，为自己提供一个遮风挡雨的保障——不仅仅是实体意义上的房子，还包括了抵御人生的各种风险和意外。所以，即使一时不顺也不必太过在意，为自己赚到实在的资本、过上富足的生活才是最重要的。

要买房,就别做"败金男女"

《经济学原理》中曾一一列举出十大经济学基本原理,其中有一条为"每个人都面临着权衡取舍",也就是说,一个人所掌握的资源与财力是有限的,我们应该将有限的资源发挥出最大的效应,达到利益最大化。但是,现在的许多年轻的单身人士,仗着自己"一人吃饱,全家不饿"的现状,家庭负担小,就花钱如流水,盲目追赶潮流,根本没有一个详尽合理的计划,随心所欲地挥霍,没有让金钱发挥出它应有的价值。

我们要知道的是,**理财是一种规划,是牺牲现在花钱的乐趣,仔细规划自己未来的财务,从而让自己将来的生活变得更好**。我们每个人都有花钱的欲望,都有许许多多想要一口气实现的美好愿望,但是我们同时也应该看到,愿望能否实现,是由个人的实际情况以及外部环境所促成的。

首先,我们要明确目标的轻重缓急。有些没有必要、可有可无,但有些就必须完成,重要的是你能否将重要的目标选出来并最先完成,从这个角度来说,理财一定要学会取舍。如果不明白到底哪些是必要的,哪些是不必要的,那就用明细账目来说话吧!坚持比较每个月的账目，你肯定能发现其中的哪些花销是必须的，哪些是你可以暂时不用甚至干脆舍弃的。

其次，在投资回报率不变的情况下，投入越多，得到的收益就越大。这样看来，尽量多存钱、多投资的好处是不言而喻的。作为一个年轻的单身人士，将来要用到钱的地方非常多，能够早作打算，自信地迎接将来，不至于出现捉襟见肘的窘境。一文钱都可以难倒英雄好汉，更何况将来需要用钱的地方多着呢！

大学刚毕业一年的小李，月薪为2000元，加上奖金与各项补助可以拿到3000元。支出方面主要是房租1000元、衣食900元、交通300元及通信等其他支出250元。

由于刚毕业一年，小李住的是集体宿舍，他没有任何负债，有一定的风险承受能力。小李的理财目标比较明确简单，属于常见目标，他希望能将手里的资源利用起来，在最短的时间内拥有一套属于自己的单元房。租房虽然简单方便，不过因为条件所限，不能拥有自己的私人空间，于是跟女朋友商量着买房和结婚的事儿。与此同时，小李考虑到，条件成熟时，希望购置一辆车，并不需要特别好的，主要是为了出行以及上下班方便。小李能不能达成自己的目标呢？

小李求助了理财师，理财师为他所做的规划如下：

小李从事科研工作，相对来说收入不错，也比较稳定，但因为工作时间及性质的限制，小李没有太多的精力投入风险投机等活动。理财时间有限，再加上他的风险承受能力属于中等，所以理财师给小李的建议是，投资理财策略不应当偏激，可将中短期、回报快的债券、基金作为主要投资工具。

小李听取了理财分析师的建议，为自己做出了规划，从工作一年积攒下来的存款中取出2万元，用于购买债券和基金。至于买房及买车的计划，虽然小李有一定的存款和购买能力，但在购车方面可能还是要借助汽车消费贷款才能买到。如果申请汽车消费贷款，每个月的还贷压力就比较重了，可用的流动资金减少，平时可能还没什么影响,但在应对突发事件的层面上,就可能会力不从心。而且,申请汽车消费贷款也并不是绝对可行的计划,因为银行也有可能为了规避风险而提出拒贷。所以,在听取了理财师的建议之后,小李还是决定暂时不买车,等解决了住房问题,或者经济条件更加宽裕时再考虑买车事宜。

再看看另一位。

工作满三年的小花是个"潮人",住在家里,吃的是外卖,工资虽然只有3000元,但是勇于追赶时尚潮流,服装必买名牌,领带必买阿玛尼,皮带必买Gucci,平均三个月换一次手机,可怜的薪水就这么花光了,还总是刷信用卡,欠下许多债,每个月被银行的催款单逼得生不如死,苦恼万分。

小花也想着要理财,辛辛苦苦地记账、列清单,整理了两个月,信用卡还清了,还存到了一些钱,但看着新上市的iPhone4S又眼红了。怎么办呢?当然,小花有这个购买能力,能够支付高端手机以及各种高档服饰的日常消费,这种将收入全额消费的做法,就是"月光族"的典型特征。不是说不能享受生活,只是要在适合自己的条件下最好地享受生活。电子类产品作为满足工作以及娱乐需求用品,买一个也无可厚非,但各种高端手机层出不穷,卖的就是潮流,而且价格一日三变,在新品上市时期买,固然可以领先一步,但实际上,得到的功能与后买的并无差别。三个月换一次手机就更没有必要了,通信工具只要满足自己的需求即可,不必要求它具备非常多的功能。如果实在想买,作为一个精明的理财人士,大可等待每年暑期、国庆节等降价热潮期时再购买,既可以省钱,又可以满足自己的喜好。

只有在每次零零碎碎花钱的时候理智消费,控制好每一笔资金的流向,才能做到滴水成海、聚沙成塔。要买房,就别做追赶时尚前沿的"败金男女",而是将钱用在能够生钱的地点,像滚雪球一样,一点一点地将这第一桶金淘出来。

当然，买到满足自己喜好的东西可以让自己更高兴，但如果将这个作为对自己正确理财的奖励，而不是日常生活水准要求的话，相信你的钱包会轻松许多。比如，今天与客户谈成了一个大单，为自己挣得了几万元、几千元的提成，不妨将这些用来买那些平常想买又舍不得买的东西，作为对自己完成任务的奖励，这样也可以更好地改善自己的心情。

总之一句话，要买房，你就得兢兢业业地努力工作，别总想着一掷千金，投机取巧固然可以为你带来一定收益，但不可作为长久的考虑。休息是为了走更长远的路，有目的的支出是为了有更好的收入。

买车容易养车难,不急!

存了点钱,看着车市的广告有点小小的心动,想着平常挤公交挺麻烦的,想买辆车了,是吗?看着车市五花八门的宣传,加上现在买车的门槛越来越低,似乎也花不了多少钱。手里有了首付的钱,不如月供一辆车,图个方便嘛!不过,你知道养一辆车得花多少钱吗?

如今人们普遍认为,有车有房是成功人士的标志,就好像是买了房子、买了车子身价就上去了。所以,许多工作了几年的单身一族看着手里几万的存款,又看着周围人都是以车代步,去超市买个方便面都开着崭新的奔驰轿车,不由眼红了,心一狠就奔车市去了。

上赶着买车,会好吗?不然。

从本质上来说,车只是一种方便出行的交通工具,确实有需要,你就得计划着买,如果完全是为了显摆的话,对不起,无论你买多高级的车,都有更牛、更好的车在你周围晃悠。别认为费大力气买了辆车,你就是富人了!车这玩意儿烧的不是油,是钱!"车奴"是怎么来的?就是前赴后继,不管适不适合,上赶着买车挤出来的!

那么，看看我们单身一族的情况，到底适不适合买辆车呢？

1. 买得起！

如前所说，现在买车的门槛算是越来越低了。商家不遗余力地促销，车展上美女与香车交相辉映，再加上令人心动的价格，买辆车似乎也不是什么难事。专家们最常挂在嘴边的"量力而为"这四个字，使得无论你月入10000元还是1000元，他们都可以鼓吹你去实现心中理想——买车。但是你有没有想过到，到底怎样才是量力而为呢？

有钱去餐厅吃法国菜，没钱就在路边摊上解决，很好理解。

但是，买车等同于吃饭吗？

打个比方，你家离公司走路也就二十分钟，上下班用不到车，周末跟同事出去玩打个车，一个月下来的的士费也就几百块，这属于路边小吃级别。如果公司离家20公里，穿越半个城区一个小时才能到达，在不能换工作的前提下，要如何应对呢？作为解决生活矛盾的一种方式，公交车太挤、打车太贵，于是你打算着买辆车，手里钱多就买辆奥迪，钱少的话，就分期、贷款买辆奥拓过过瘾。但是，最简单直接的办法难道不是干脆换个近一点儿的租房之地吗？

解决问题的方法有多种，我们来看看选择了买车之后究竟会怎样。手里有了点钱，在铺天盖地的车市宣传下，你决定买辆奥拓，只上下班开开，首付三四万，月供不过几千块。不过，你算过后续费用吗？

2. 养不起！

假设你买一辆10万元左右的车，让我们来列张单子，看看具体的花费。

正式挂牌上路之前需要支付的费用	
车价	100000元
牌照费	43333元
购置税	100000元/1.17×10=8547元
车船使用税	320元/年
养路费	1200元/年
道路交通通行费	1800元/年
保险费	3000元/年（三险）
其他杂费	200元左右
总计	158400元

这些是一辆10万元的车上路之前必须支付的费用，所以，在你潇洒买车的同时，这些都是必须要考虑进去。别以为这就完事了，你这车买了还得开不是？上路又有一笔账单等着你啦！

如果你公司离家为20公里，工作六天，按每星期300公里计算；碰上心情好出去玩，每个月一次，按200公里计算；还有亲朋好友找你借车用，同样按每月200公里计算，这样下来，每个月差不多行驶1600公里；一年下来就是19200公里。

日常使用中的正常开支			
油料费	汽油	15360元/年	10升/百公里，8元/升
停车费	机油	250元/年	汽油耗量的1%
	齿轮油、刹车油	250元/年	
	小区车库	4800元/年	400元/月
出行费	外出停车	4800元/年	10元/小时
	路桥费	1200元/年	100元/月
	洗车费	480元/年	40元/月
维修	定期保养费	1000元/年	5000公里300元
	易损件及零配件费	2000元/年	滤芯、电瓶、刹车片等
	二级维护	2200元/年	检查、调整
总计	32340元/年		

除了以上这些之外，还要考虑车的折旧，折旧是由车价与使用年限决定的。目前，轿车的使用年限大约是 15 年，由此计算每年的折旧费约为 6700 元左右，不过，这在买车的时候就已经支付过。

如果不幸遇上整车大修，就更可怕了，至少得花 1 万 ~1.5 万元的维修费，而一般情况下，行驶 10 万 ~15 万公里则要大修一次。另外，新手上路很有可能因为驾驶技巧不娴熟发生交通违章情况被罚款，这项额外支出，毫无疑问也得从你可怜的月工资卡上扣。这样算下来，买辆车无形中得用掉你多少可用的财富啊！而且这些都是纯粹花费，没有任何收益可言！如果你打算把一个月的收入都用在养车上，那就放心大胆地买吧！

在"分钱必争"的时候，用如此大的一笔开支用来享受不是不可以，关键在于买车能为你带来什么以及它所花掉的费用，这样一对比，你就知道，什么时候才是时机成熟以及什么时候并不需要。

买车，绝不是生财之道。所以，刚工作没多久的单身一族，在每一分钱都要精打细算的时候，买车毫无疑问是排在可选名单的后面的。

投资后备金是个严肃的问题

1. 狡兔三窟,以备不时之需

成语"狡兔三窟"的意思是说,狡猾的兔子有三个藏身的窝,因为它们要躲避同样狡猾的天敌——狐狸,但即使它有三个窝,如果没有提高警惕,还是不能避免沦为狐狸的美餐。不过,有不同据点,如果有一个窝被狐狸发现了,可以弃之不用,三个窝总比一个窝好。

投资的道理也一样,孤注一掷的投资者,就像只有一个窝的兔子,一旦这笔资金投放的理财产品出现问题,就会导致周转不灵。坚持不下去时,就只能壮士断臂,挥泪止损、平仓止亏,结果失去了反败为胜的机会。

在投资市场上,这种情况屡见不鲜。投资者若咬牙硬撑下去,也许再多坚持一会儿,就可以盈利,偏偏又有这样那样的问题,比如资金周转不灵,就不得不暂停投资。如果事后得知,再多坚持一会儿就可以突破难关并扭亏为盈,真是用"捶胸顿足"、"悔不当初"、"痛不欲生"等再多的词都不足以描述出后悔的感觉。

想做一个成功的投资者,就应当多给自己准备几笔后备资金,这就像踢足球。每一支球队都有前锋、中锋、后卫和守门员。守门员拦住球，传给后卫，后卫传中，再传给前锋。反过来说，对方控球的时候，己方的前锋上前拦截，被突破就则交由中锋拦截，如果还没有截到，便是看后卫的发挥，而守门员把守的是最后也是最重要的一关。成功的投资者也要将资金分配成多笔，就像教练将每个球员按照技能分配，前锋突出、后卫稳守。这样，有一部分用来保本，投资一些稳健低风险的理财产品；另一部分可承担稍高的风险；剩下的小部分投资高风险项目，以期大赚。有前有后，有攻有守，形成了一整套完善的投资计划。

保本的投资风险较低，回报虽然少些，但胜在稳定，可作为整个"理财金字塔"的后盾，一旦塔尖的高风险项目出了问题，还有下面稳固的保本资金支持。如果炒股失利，赔得血本无归，好在还有后备金，可以用后备金填充保本的资金，拨出不伤及根本的资金继续再战。如果高风险的投资顺顺当当地赚了大钱，则可以把一部分资金划到保本项目当中，巩固所得成果。

讲了这么多，都是纵向进行比较，下面再来看看横向的比较。

2. 从横向的角度看，多笔资金同样很重要

假设手里有多笔资金，可以同时放在不同的市场上，比如一些用在股票方面，一些用在债券、基金方面，另外一些投资在外汇市场方面等。不同的市场，风险也不一样，很多时候不可能全部赚钱，但同时亏损的可能性也极小。这样，多笔资金可以互相弥补资金缺口，在一个市场亏了，还有另一个市场可能赚了不少，这样一加一减，补回损失，又可以继续投入市场中去。

在整个资金管理中，后备资金是不能被轻易动用的，宏观来说，存款储备金是为了国家健康运作而准备的；而从小处着眼，一个家庭的存款中，一定要有一些应对意外的存款。

我们所说的理性投资，很多时候并不是完全客观的。常常有人为因素的影响，比如恐慌和贪婪，尤其在对于某个上市公司有着细致的

研究和充分的了解,对该股进行了深入研究之后,却发现与自己预料不符的偏差或者股价非理性的震荡,就会直觉地认定其是不正常的,想着股价会马上回归,不可能一直保持这样的低点。越是研究得透彻的人,越会有这种想法,在跌价的时候看不下去,匆忙入手,只要跌了一些就买进许多,因为想着便宜了,股价可能不会比这个价格更低,再不买就没有机会了。这样的想法在没有入市的局外人看来,有时是不可理喻的,投资市场的历史总是以相似又非全似的情况重演,非理性的行为从未停止过,所以股价涨跌不可能一步到位。

阴跌或突发的下跌很难预测,如果这时候前期的持仓在手,并且资金已经得到最大的派发,就是使用后备资金的时候了。后备资金不动则已,一动必是大情况,例如在大牛市时,资金放着也是放着,似乎有些浪费,如果投入市场,白花花的银子不就滚滚来了吗?手里的资金无法实现增值是最痛苦的。但即使这样,也要留有后备资金,因为这是整个资金和资产安全的后盾,而不能图一时的痛快进行冒险增值。

当然,后备资金的使用条件是十分严格的。举一个例子,假设一只股票的正常估值是 15 倍,现在的股价下跌到历史最低值,即 10 倍左右。如果此时建仓完成,那么剩下的只有等待。但是等啊等啊,由于各种原因,比如突发事件、只横不涨、继续下跌等因素,一系列原因让股价再创新低,那什么时候才能用这笔后备金,要设立怎样的限度呢?上面也提到股市无法预测,所以这个极限值要提前设定好,可以根据历史值来判断和参考。例如可以设定当估值达到 9 倍的时候启用后备资金,除此之外,哪怕是 10 倍、11 倍都不做处理。

那么,又出现另一个问题了。如果估值跌到了 10 倍就开始上涨怎么办?这时候就不需要动用后备资金了,因为没有达到设立的低限。如果任意动用后备资金,一定会被早早地消耗完毕,那么后备资金的设立也就毫无意义了,根本起不到后备金的作用。

3. 任何时候手中都要掌有"预备队"

来看看对后备资金的总结：

一、不管在什么时候，后备资金都要留取充足以防万一；

二、后备资金的使用必须严苛地遵守条件，必要时才动用；

三、做好大部分时间后备金都不会被派上场、长期处于备用状态的心理准备。

在牛市几乎不必动用后备金，甚至赚了还要增加后备金金额。而在熊市，无论条件怎么样，总得留出20%的现金，只有这样，才能在别人恐惧的时候有多余的资金，从容地整理旗鼓。在市场上升期，要做到逐渐增加现金比例；认为估值很高的话，可以留20%的仓位，这样一来，就算暴跌70%，最终损失也只有14%，这一招叫做"慢牛杀熊"！因为牛市涨得再高、翻番再多，若遭遇全仓跌70%的熊市，对资产的杀伤力是十分强的！相比之下，保住收益更重要！

一个家庭要有一定的存款来应对意外事故，也就是说生活的应急储备。如果你概念里的后备资金是这样的话，那么，这笔钱无论在什么时候都不该投入股市、债券、保险等高风险的市场中。

第四章

做足功课,挑个"贤惠实在"的理财工具回家

先从自己熟悉的领域起步

要做一个理财达人,我们得先从新手做起。

作为一个新人,我们对理财的理解可能还不大完备,所谓理财,不外乎是利用各种手段增加财富,但是有一点是要牢牢记住的,那就是,理财可以有多种方式和多种目的,不过有一个最起码的要求,即理财所获的收益必须要高于银行活期存款收益。让我们看看,理财究竟有哪几种方式呢?

(1)储蓄

把钱存在银行里当然是风险最低的方式,既保本又有利息。它的好处就是收入可预期,只要知道了利息率,明确要存多久,你就知道到时候能取出多少钱。虽然它是最安全的理财方式,但是存款所得利息非常微薄,在通货膨胀、物价上涨的时候,存在银行里的钱就像是"浮云",用不了几年,你就会发现,这些钱能买的东西变少了!

分析:风险低,收益也低,可作为理财的一个计算起点。

(2)保险

保险的基本作用,就是起保障作用,而不是靠它赚大钱,想着能有大额收益来买保险的人，大多是对保险并不了解。

分析：风险较低，收益高于储蓄，但是相对其他理财产品来说，其收益也较低。

（3）银行理财产品

银行理财产品要在银行办理，但是它并非由银行发起。其风险因资金的投向不同也各不相同。如果是银行票据一类，相对会比较安全；如果是投向信托、贷款一类的，收益较高；而投入股市的话，风险就大了。

目前，银行的理财产品品种繁多，有固定和浮动两种收益，可根据实际情况选择。这是目前流行的一种理财方式，和基金一样，取决于资金所使用的范围。

分析：由银行代理，风险在可控范围内，收益一般。

（4）基金

类似于银行理财产品，它的收益也取决于资金所使用的范围，比如股票型基金，收益高，风险也高。2011年股市大跌，股票型基金的行情也普遍不好，跌一半的都有，股票型基金的风险已经很接近股票了。不过，如果是债券型基金，就是我们通常所说的安全收益稳定的那类基金，它的风险就小得多。

分析：波动范围较大，取决于资金投资范围，收益介于固定利率理财产品与股票之间。

（5）股票

股票这玩意儿，总体来看是涨的，但是周期过长的，收益价值又不高。所以，当前有人认为，投资房地产的收益率比股票高，其实这只是近两年的一个短期现象。短线股票投资所需要的不仅仅是实力与技巧，运气也很重要，所以都说"股市有风险，入市需谨慎"嘛！从长远投资来看，中国股市还是有较确定的上涨空间的。

分析：收益高的同时风险也高，尤其是对股市并没有真正了解也没有经验的时候，风险更高。

（6）黄金

通货膨胀的时候，购买黄金很是热门，几乎只要是懂些金属投资知识并且手里有闲钱的人，都会买点黄金。不过，黄金也有低潮期，要投资黄金，在时机的切入以及方式的选择上都非常重要。

分析：高风险、高收益。

（7）房地产

在房价上涨的这几年，房地产投资是最热门的投资方式。当然，它对资金的要求有些高，基本上是个钱生钱的玩意儿。不过，如果你认为房地产投资不会亏本，那可就大错特错了。房地产同黄金类似，有一个较为长期的趋势。现在，中国的房地产确实处于一个高价位的时期，但是从2011年底的房价来看，它并不是一直持续上涨，也会有波动。

分析：流动性差，资金回笼需要较长时间。从表面上看风险小，实际上受到各方面因素的影响，比如政策、买房者心理因素等，是一个高风险、高收益的投资方式。

（8）期货

期货是属于比较专业的领域，严格地说，不懂这行的人，贸然进去是只会亏本。期货，顾名思义，即与现货相对，而它与现货不同的是，交货的时间可以不是买卖发生的时间，而是交易双方共同约定的某一时间，即在交易发生的未来交收实货。此特点决定了它不是普通的交易方式，而是要对行情、资金要求以及市场走向等各方面要非常了解，不是能够随随便便就选择的理财方式。如果只是玩票性质，浅尝即可。

分析：高风险，玩得好就有高收益。

（9）收藏

在报纸、新闻上常常看到某某收藏家玩古董拍卖赚了很多钱，也听说过美国某个买家收藏名作，十年间升值千倍的故事。这些美梦可不是所有人都能实现的，所有做投资和收藏的专家都会告诉你，这行最重要、也是唯一的一个原则，即不熟不做。

分析：专业领域知识要求高，如果纯粹玩票那就准备好当冤大头吧！初学者莫谈收益，资深老手也有看走眼的时候。

综上所述，各种银行、保险公司所推出的理财产品，比如说储蓄型保险或者基金定投之类的，收益一般都不会太高，可以作为一个保底的选择。这些理财产品所得收益一般在10%以内，很少有达到或者超过的。虽然复利会利滚利，但是有些条件制约，在本金并不多的情况下，想获得较大数额的利益，就需要一个长期的过程。所以，如何进行投资组合，达到利益最大化，是作为一个理财新人必须掌握的知识。

从长远的角度来说，可以将理财比喻成一个金字塔，最底层的稳固地基需要我们长期持续的投入，这部分收入的收益比较低，最重要的就是保本，可以将钱定期存在银行，收益比存定期要高一点的保险是首选推荐，比如人寿保险以及重大疾病险种等。地基打牢固了，承受和应对风险的能力就上去了；而金字塔的中层是应急储备，比如活期储蓄、货币基金等；塔尖则是高风险、高收益的投资工具。

总之，越靠近基底，投资工具的风险就应该越低，风险与收益往上递增。这样构造理财金字塔的好处在于，下部稳健保底，即使上部出现崩塌，也不会遭遇财务危机，并仍可保证日常生活。

遗憾的是，很多人的理财状况却是呈倒金字塔状。存款不多，没有买正确的保险，极力投资大量股票、收藏品，这种情况很危险，因为一旦投资出现危机，或者我们遭遇到意外风险，比如失业、自然灾害、人身安全危机等，那么，毫无疑问，这个松散的金字塔肯定会坍塌。

必须看好自己的每一分钱

或许你还没有意识到，作为白领的你，当每月的工资都被公司直接打在了卡上，自己用多少取多少，每月节余部分放在卡里吃活期利息时，已经让你白白丢掉了三倍左右的定期利息，看似几十元到几百元的差别，时间一长损失可就大了。更重要的是，这种方法非常不利于资本的积累，这种"不理财"的方式，使你实现人生第一个10万元的目标难了不少。所以，先从你的活期存款开始吧。

No pay, no gain！给你"饭来张口，衣来伸手"这种生活的，只会是你的父母，不是国家，不是社会，更不是银行。如果你认为银行就是无限的钱窟窿，银行职员每天的工作就是把你的钱收进去，然后不收任何场地租借费、不收手续费、不要工作成本，等你要钱的时候就把钱捞起来给你，那你就可以合上这本书了。

在了解银行其实并不是完全"为人民服务"之后，我们要做的是知道自己能从银行得到什么以及用什么来交换。我们先来总结一下各种存款方式的利率。

以存1万元为例，建行定期一年的利息是350元，零存整取是161.20元，活期利息是49.86元。差价是300元和111元，前者够买达芙妮新款鞋一双，后者够你吃六顿 KFC 超值午餐，赶上活动的话，都可以凑一套杯子什么的了。别小瞧了这几百块，通过对银行最基本的了解，你能得到的是对于钱财的把握以及使利润最大化。

收益、风险、时间，这三者互相排斥又互相吸引。高收入、低风险的短期理财产品，你见过吗？

1. 活期存起来划算吗？

活期存款	（单位：元）
第一季度	4500×5‰=22.5
第二季度	4500×3.7‰=16.81
第三季度	4500×2.7‰=11.19
第四季度	4500×1.2‰=5.56

还是举个例子吧。一对外来务工者，累死累活、省吃俭用，每个月存定期 1500 元，夫妇两人不懂理财，什么定期、零存整取业务看都不看一眼，这样到了年底，存了万儿八千的，一次性转账到家乡的存折，手续费才收 5‰，看起来挺好的，可是，这样真的划算吗？

还是用计算器说话靠得住一些。假设他们每个月存 1500 元，活期利率为 0.5%，是三个月算一次的，那么如上表。

值得注意的是第四季度，如果取钱时间还不到约定日期，那么抱歉，是没有利息的。这样看下来，活期存一年，利息 56 块，够给孩子买顿麦当劳什么的。一共是 18056 元，算上时间、通货膨胀、人民币贬值，数额上涨了，甚至亏了！

2. 零存整取，方便又有钱

如果是零存整取呢？这个比较容易算。还是以建行为例，零存整取的利率是 3.1%，一年的利息是 302.25 元，排除其他因素不说，至少比活期多了 246.2 元。

如果你问，要是急着用钱怎么办？

赚钱就是为了花，不能用的钱，赚再多也是没有用处的。所以，你完全可以做好计划，不需要将所有的钱都进行零存整取。比如工资 2500 元，扣掉生活开支和零用钱，一个月存 500 元的零存整取也就足够了，一年就是 6000 元，利息是 100.75 元。

3. 定期怎么玩

你的手里可能有那么一部分钱，放着也是放着，不知道什么时候会用，存活期又感觉很亏，也很容易 Shopping 一次就花光了，这样一部分钱，怎么办呢？这时，另一个"萌物"粉墨登场了，它的名字叫做"定期"。很多人对定期的印象就只听说过，但觉得用不着，认为它很高级，没有很多钱就不必投定期。其实这是错的。

定期要会玩，玩得上手了，利息高过所有储蓄，灵活度又好，还可以将生活计划也一并制订好，一举两得。缺点也就是取钱稍麻烦点。虽然那几十块、几百块的利息确实不够塞牙缝，但是在最初级、最安全的储蓄业务里，定存的利息确实是最高的，并且有得赚总比没有好嘛！

大众印象里的定存，就是将钱放在银行不动。真的取不出来吗？不是，只是如果你没到期就取出，则变成活期利率兑换给你罢了。亏啊！存了一年，一夜之间几百块钱飞了，你愿意吗？当然不愿意！所以大家都不敢随便存定期，就是存定期，也要掐着手指算一算，需不需要添置个电视机或冰箱，家里要不要进行大的修缮？都没有！好，揣着辛辛苦苦攒下几万块钱往银行送——"存一年！"

定期这样玩对吗？显然不对。

定期的期限分为三个月、六个月、一年、两年和五年。短期的定期比较容易培养理财习惯，又能够灵活攒钱，推荐三个月和六个月期限的定期，至于两年以上的，由于不可控因素太多，时间过长，价值其实不高。

定期认识的误区：先攒多点，再一口气存定期

我要告诉你，这是错的！而且是彻底的错！

存一笔1000元定期和存十笔100元的定期，所得的利息有差别吗？没有！同样是3.25%。但是如果把10000元的定期变活期，利息则由350元变49元，亏了301元。而1000元的存款，由定期变活期，利息是315元+5.07元=320.07元，亏了29.97元。

在自动柜员机前排几分钟队，就能存个定期了，方便快捷。如果有急事要动用定期，至少可以保证另一部分利息的资金，这也是理财习惯与观念的初步养成。存定期不是为了不动那笔钱，而是在该用的时候用，我们要做的是如何使收益最大化及损失最小化。

想要收益最大，那就把定期玩好了，当零存整取玩，每个月存上一笔！

假如现在是二月，你打算国庆节和朋友去旅游，计划着存钱，怎么存呢？如果你每个月可以省下1000元左右，建议每个月去一次自动柜员机，存下定期。

如果要用怎么办？要用就取嘛！活期利息是0.5%，存定期若没到期取出来也是0.5%，没区别。为什么"定"下它？不就图万一不用时还可以产生收益吗？

月份	期限	利率	利息
2月	半年期	3.3%	16.50元
3月	半年期	3.3%	16.50元
4月	三月期	3.1%	7.75元
5月	三月期	3.1%	7.75元
……			

嫌少吗？要是没取，等到了8月就有两笔钱（2月、4月）到期，你再加上8月的1000元，存个三月期，这就有一笔3000元的存款，

9月又是3000元（3月、5月、9月），10月是2000元……钱就是这样越来越多的。

很重要的一点，不要把所有的钱都存同一个期限，最开始的那笔存一年，随之递减，这样的话，万一要动用的时候都没到期，就取期限最短的那笔，亏得最少。

这样一笔一笔地累积起来，慢慢地滚出属于自己的一笔资金。其实，并不需要非常多、非常深奥的理财技巧，有时候，一点点精明的"小算盘"就可以为自己创造财富。不过，刚刚理财的人，往往会有一个误区，希望理财能够为自己带来丰厚的财富，这种观念在前文也反复提到过，是不可取的。明确我们理财的目标是为自己保驾护航，添个挡风遮雨的片瓦之地，而要完成这个目标，我们就要慢慢积累经验，改变观念，养成良好的理财习惯。初学理财，深奥的知识并不一定要有很多，但要理解理财的基本概念以及培养理财的意识。

与富友为邻,理财观念上的一次洗礼

培养理财观念很重要。理财师有自己的理财观,作为普通青年的我们也要有自己正确的理财观。

1. 理财师的理财观念——与富为邻,迫人上进

杨曦今年 27 岁,是一位理财经理,在银行上了六年班。他的主要工作是帮有钱人打理财产,给他们提出投资方面的建议,服务对象是以 20 万元存款为起点的客户。

杨曦喜欢他的工作,做这一行要付出很多,不过收获同样丰厚,并且做这份工作对他来说很有意义,不仅是为糊口。每天跟社会精英打交道,聊的是行情、宏观、微观,这也让杨曦的眼界变得更开阔。作为一名基层理财经理,杨曦上面还有财富中心、私人银行等。同时,他的工作目标也很明确:向门槛更高、客户层次也更高的理财师迈进。

杨曦说,就像客户都想获得更多财富、进入 VIP 室和 SVIP 室来打理资产一样,他也想通过努力,进入更高级的地方开展工作,从而能够接触到社会最顶尖的精英,学习现在还不具备的知识。这也有

两面性，有非常多的朋友都对每天能接触高素质的有钱人表示了羡慕，不过朋友们只看到了好的一面，因为客户的智商都非常高，这就注定了自身工作的用脑量，每天超负荷运转，否则就跟不上客户的思维节奏，这样高强度的工作，绝不仅仅坐在办公室轻松与人交谈那么简单。

不过，正也因为这样，杨曦可以跟客户一起成长，每天打交道的都是有钱的客户，也自然而然能够培养自己的理财观以及消费观。虽然压力大，但是动力也大，如果客户都从自己手里赚够了钱冲到了财富中心、私人银行，自己却还在小小的理财经理室，岂不是很无能？

有积极上进和与富人常打交道的杨曦，也有不愿与有钱人过多深入接触的人，比如下面提到的"巴凯特现象"。

2. "巴凯特现象"——不与富为邻

BBC（英国广播公司）曾经有这么一个系列剧，叫做《保住面子》，描述了一种现象，叫做"巴凯特现象"。讲的是一个中产家庭的主妇巴凯特，喜欢观察邻居，一发现邻居有钱了或者有社会地位了，就会感到非常沮丧，甚至失望、嫉妒。而在穷邻居面前，她又有着强烈的优越感，认为与之相比自己非常幸福。这种"不与富为邻"现象在我们身边也很常见。

其实，这种现象可以归结到我们思考问题的方式上，也就是我们常说的"比上不足，比下有余"。固然，安逸地与不如自己的人比，你会感到非常安慰、非常幸福，但是我们要往前看，往努力的目标看。我们努力的目标是什么呢？就是我们身边那些目标明确、能将财富打理得井井有条的成功人士。也许你会说："我身边没有这样的人啊，都是和我一起HIGH、一起泡吧和K歌的同事、朋友。"那么我要说，试着换一种交朋友的方式吧，每个人都有自己对金钱的一套看法，而你要做的，就是找出能帮到你的理财金点子。富人并不会大肆张扬自己有多么富有、多么会理财，人与人的交往也是要通过一步一

步深入交流的,也许与你一起 K 歌、一起疯的家伙,刚从股市小赚了一笔;又或者你正为在淘宝上拍了一件又一件便宜的物品而高兴时,你身边的同事却在讨论淘宝能赚多少钱。

这种现象也是社会的共性,我们要做的就是挖掘身边的一切可能性。人脉是一种财富,值得好好培养,不论是与富有之人还是贫穷之人做邻居、朋友,其身上必定有值得学习的待人处事方式或者我们所缺少的技能,所谓"多个朋友多条路",这话可不是白说的。我们要做的,就是选择亲近那些意气相投又能够帮助自己培养正确理财观的朋友。

3. 昔日孟母三迁,今有择邻而居

有这么一个择邻而居的故事,说的是两户普通家庭搬进了富人区,刚开始都高兴得不得了,跟朋友炫耀。可是好景不长,过了没多久,其中的一户就搬了出去。为什么呢?因为这户人家看到人家都是宝马、奔驰进进出出,自己的小车开着都有点不好意思了;买的时装跟来家里做客的邻居一比,怎么看都不是味儿,搞得很没趣,新衣服就像是长了针一样扎在身上。此类事情多了,这家人越来越失落,于是决定搬家。而另一户,与闪亮的富人区里的人一对比,也就好似穷人了,不过他们家很淡定,月薪照拿,房子照住,用自己的方式与邻居友善地相处,跟邻居聊天、打高尔夫、逛街、上理财工作室,一步一步紧跟自己的邻居。最终,在另一户人家搬进来的时候,他们也是新邻居眼中开着奔驰、宝马的富人们了。

这个小故事挺简单的,却告诉我们一个随处可见而又常常被人忽略的道理,即与什么样的人做朋友,决定了你的品位。

还有一个发生在上世纪八十年代的农村的故事。

那时候,某些村子非常穷,不过,有一些很富有的万元户,这在当时的农村是十分少见的。有对夫妇就住在万元户家隔壁,妻子看着邻居家大鱼大肉、衣着光鲜,就埋怨自己的丈夫,总是念叨着丈夫

不能给自己好日子过。开始丈夫还耐心劝解，到后来就不耐烦了，妻子一提起这话题必是吵，三天一小吵、五天一大吵，鸡飞狗跳。他们的孩子长大了之后，就有意识地选择那些比他自己差点儿的孩子做朋友，以此获得心理安慰。从这个故事中，我们可以明白一个道理，即邻居会左右你的精神生活。

  这对夫妇就像之前提到的巴凯特，他们在不知不觉中影响了孩子。事实上，邻居的好生活并不会影响到自己家的餐桌是否丰盛，让邻居的富有扰乱自己的生活是非常不明智的。我们应该学习邻居与众不同的理财方式、投资观念以及独到的眼光，与其临渊羡鱼，不如退而结网。

怎样选择理财师

如果自己不擅分析,也没有多余的时间和精力来研究深奥的理财,或者嫌麻烦,那么,可以请一位专业的理财师帮你打理财产,毕竟从专业人士那儿得到的建议更为简洁、有效。现在,许多正规银行都有理财师,理财方式也是五花八门,专业人士的意见当然要听,不过,在如何选择理财师方面,也有许多窍门和需要注意的地方。我们来看看单身的张先生在选择理财师时遇到的问题。

张先生小有存款,不擅理财,于是他决定让理财师给自己出主意。他来到甲银行,一位文质彬彬的男理财师根据他月收入和积蓄情况,出具了一份理财建议书:甲行发行的开放式基金2万元、定期一年期储蓄3万元以及甲行刚推出的外汇理财5万元。但张先生对外汇理财不熟悉,于是到了乙银行咨询,乙给他的建议书与甲截然不同:乙行发行的人民币理财产品3万元、乙行代售的分红型保险5万元。同样是建议书,不同银行理财师的理财方案却差异如此之大。

张先生疑惑了,他又想着货比三家,于是陆陆续续接触了一些证券、保险公司等行业的理财师,发现各个理财师所建议的内容均是围绕着自己家的产品,他这才恍然大悟。表面上自己拿到是针对自身情况所设计的理财规划书，实际上是一份产品推销书。稍一琢磨，张先生回过味儿来，理财师工作的首先是先向客户推销自己的产品，其次才是帮客户钱包里的钱增值啊！这就如同逛街买衣服，每个店的老板都夸自己家的衣服货源好、质量好，即使别人家的比自己家的好，也是不会说的。就这样找来找去，张先生的积蓄至今也没有得到好的规划。

1. 怎样合理科学地选择理财师？

随着人们理财观念的转变，收入增加的居民们为家庭理财而寻找专家帮忙，这无疑是大势所趋。随着这一需求，相应而来的诸多国际理财师培训机构已经登陆北京、上海、广州等一线城市。国内各金融机构内一大批具有专业技能和资质的理财师，也开始进入人们的视野。此时，选择理财师更应该注意以下几点。

（1）选知名度高、有话语权的理财师

张先生的两位理财师受营销观念和技能等因素的影响，所设计的理财方案给客户带来的理财效果可能不大理想。所以，作为一个"理财达人"，我们要擦亮眼睛，尽量选择有一定影响力的理财中心。知名度高说明业绩相对较好，精英理财师可以达到在推销理财产品的同时，真正最大限度地为客户做好财务规划，使客户的利益最大化。同时，这也有利于客户树立正确的投资理念，不论最终的收益会有多高，至少实现的目标是稳妥的，增值的可能性比较大。遵循这种理念，我们选择理财师可以"从高到低"，比如找市一级的理财中心就比区县级的好。

（2）理财顾问专为自己

可以选择专为自己服务的独立理财顾问。独立理财顾问不同于专属单一金融机构的理财师，其出发点是为客户，能够设身处地为客户的财务增值着想。另外，其理财方案也不同，不仅包括本行内容，还包含保险、基金、税务、债券、信托等多项混合的内容。这种专属自己的理财师因为其工作性质,需要额外付费,适合积蓄较多、理财意愿强烈的客户。如果你选择的独立理财顾问制订的方案让你实现了资产的快速增值,那么你所花的咨询费也是值得的。

(3) 参考媒体特约理财设计师的大众理财方案

在理财大热的当下,媒体当然不会轻易放弃这个热门的题材。各大网站都开设了理财栏目,报纸、杂志的理财专栏常常会邀请一些国内知名度较高的理财规划师,根据读者来信解说理财方案,以达到吸引眼球、增加人气的目的。这些方案大多不带有广告性质,能够做到客观和适用,也能尽量考虑到个人的综合利益价值。这些虽然不是为栏目前的你量身定做的,但对于步入职场不久的我们,由于经历相似,也可以借鉴甚至对号入座。参考这些与自己财务状况相似的理财方案,既可以不多花钱就享受到理财师的服务,又比选择单一机构理财师更多样化。

(4) 学会如何更好地与理财师沟通

几乎每位客户在与理财师见面时都会问:"能让我年收益达到多少?"这是理财者最关心的问题,但是很抱歉,理财师不是"阿拉丁神灯",也不是"七龙珠的神龙",几乎每个理财师都会不约而同地反感这类问题,因为这表明你非常急功近利。理财不是投机,并不是必须一年达到多高的收益,它是一种稳定的增值理念,是由保险、子女教育、养老、财产购置等多项内容组成的一项综合规划。所以,如何与理财师打交道也就显得非常重要了。

首先需着重说明现有的财务状况以及长期的理财需求,以便让理财师更有针对性地为你设计理财计划。当然,很重要的一点是,可以相信理财师,但绝不能迷信。要时刻有自己的判断,理财师的建议仅仅是建议,我们可以根据他们的建议调整自己的目标。

在学会与理财师打交道之后,可以多与专业人士交流,从而学到更多的理财知识。身为一名正在奋斗买房的单身人士,可以在与理财师交流的时候强调自己的这一目标,让他为你量身定做一套科学合理的方案。但是,最适合自己、最有灵活性的理财方式则还是靠自己,只有通过不断的学习充实自己,掌握必备的理财知识,才能成为自己的理财大师。

> **Tips**
>
> **如何分辩理财师的专业资格**
>
> 理财规划师认证:中国注册理财规划师(CFP),全名是 Certified Financial Planner,理财规划师认证资格证书从 2005 年起已经在北京举行公开考试,合格率较低,现在很多银行的相关从业人员都在考。
>
> 首选在明星理财公司从业过的人员以及有八年以上理财经验的老练理财师。

了解市场，善于利用景气

如何才能成为自己的理财大师？

这个问题要从多方面来考量。首先，要考虑自己想达成一个什么样的目标；其次，为了这个目标，需要如何努力。知道了这些，我们就需要从各个方面修炼自己，最基本的功课就是要**了解自己即将投资的市场**。其实，各种市场都是有其特点的，更深层的内在要诀以及市场规律也是相通的。

（1）**股市**。股票这玩意儿家喻户晓，玩的就是心跳，拼的就是对时机把握的敏感度。股票上涨时涨势喜人，抛也不是，不抛又可惜，而跌起来那叫一个狠。2011年9月，股市一蹶不振，一首《小股民歌》唱得股民心哇凉哇凉的。"在那山的那边海的那边，有一群小股民，他们辛勤又努力，他们选股又割肉，他们不论何时上班下班都在看信息，他们偶尔还要拿跳水冠军。噢，痛苦的小股民，噢，可怜的小股民，他们齐心合力开动脑筋躲过了一个庄，最终还是沦陷黑色星期一……"在可爱的《蓝精灵》的旋律中，能够充分感受到暴跌之下股民幽默又无奈的一面。

新股民大叹入错市，整个证券营业部门可罗雀，刘小姐简单地扫了扫行情就失落地离开了。她去年入市时有6万余元资金，现在只剩下3万元出头，几乎不到一半了，被套得很惨，她现在是想着解套，只要能解套，就不玩股票这么考验心跳的玩意儿了。与之相反，老股民在大户室打牌聊天、翻报纸，被迫享受股市低迷的时光。虽然屏幕上的数字仍然不时跳动，但关注的人很少。大户室的王先生是一名老资格的股民，亲身经历了许多次潮起潮落，这样的景象已经见惯了。面对大户室这种冷清的景象，他语重心长地说："要学会享受股市的这种冷清和低迷，因为只有这样，才能在股市狂热时不迷失。"

（2）**黄金**。黄金交易一直是普通大众不敢轻易涉水的"高岭之花"，不过这朵"高岭之花"也并不是摘不到的。2011年国庆期间，国内黄金销售十分火爆。同时，由于国际金价快速回调，黄金周前一周跌了300美元，很多市民是看着黄金价格下跌才来趁机购买的。有专家判断，目前的行情是在底部震荡，大幅下跌的可能性非常之小，也许会有小幅震荡跌涨，是适合进场建仓的时机。

（3）**基金**。这个"萌物"很多人都在说，它到底是个什么玩意儿？打个比方，如果你手里有一笔钱想投资，玩债券、股票等觉得麻烦，太花精力和时间的研究做不了，天天盯着它也烦，手里资本又不多，这时候，你想了一个办法，找了几个合伙人一起出钱，拜托一位具有专业知识的高手来操作，大家有钱一起赚，亏本一起摊。此时，只需要双方交涉好，约定固定时间，从合伙的资产中提一定比例的资金付给负责交涉的人，由此人给高手付劳务费，挨家跑腿收钱发钱，定期向合伙人公布投资的盈亏状况，给高手实时汇报提点，张罗大大小小的事等，这种合作投资的模式，扩大到百人、千人、万人的范围，就是基金。

今年的股市不景气，偏股基金全线亏损，虽然节后反弹有所回升，但是那仅仅是昙花一现，被调查的520只偏股基金（不包括新成立的）表现欠佳。人民网新闻报道称，截至2011年11月20日，偏股基金全面亏损的势头有增无减，整体大幅下降，偏股基金挣扎了一个多月，短短几天的连续下滑中灰飞烟灭。在上述520只基金中，跌幅最小的基金累计跌幅为0.36%，其中103只基金同期跌幅大于20%，甚至有最大累计跌幅大于31%的基金，让众多"基民"为之扼腕。

黄金、股市、基金、保险、证券等层出不穷的理财产品，有热有冷，有涨有跌，在涉足投资之前要充分地考核，全方位地了解市场。只有善于利用景气与不景气，从中为自己谋取利益，才是我们理财达到的理想状态。

怎样才能利用景气与不景气呢？简单来说可以归结为四个字：低买高卖。

你永远也不知道黄金、股票明天会是什么价格，只能从大环境的走势来做出自己的预测。且不说准不准，我们首先就是要掌握整个市场的大环境，培养大局观。做投资不同于做买卖，投资靠的是犀利的眼光以及对时机的把握，有的人在股市低迷的时候买入潜力股，守它个十天半个月，赚得心花怒放；有的人在城市流行绿色食品的时候，赶紧给自己地里的菜贴上个"绿色无公害食品"的标签，卖得红火；有的人在衣饰大规模流行起来之前抢先进货，只此一家，客户不在这里买还在哪里买呢？

了解自己所打算从事的投资行业，就要清楚最基本的概念，基础知识的完备可以给自己带来不少便利。培养了精明果断杀入市场的眼光，就所向无敌了。磨刀不误砍柴工，了解市场以及大环境可以培养宏观意识，在金融市场历练久了就会有犀利的眼光，能杀伐决断，或者退而守成，吸取教训。最终目的都是一样的，利用市场和景气程度，找准时机、赚得果断，才能赢得长久。

当然，在此之前，可能会不熟练，由于知识的缺乏、条件的不足，可能让你交上一大笔学费。不过，损失了一部分钱也不要紧，关键是要善于从中总结经验，学到实战的技巧。

投资上，快、准、狠缺一不可

理财，就不可避免地要涉及投资。单纯地购买保险也是一项投资，尽管获利比较低，但也具备了投资的基本特性。涉及投资，就有很多投资产品可供选择，在众多理财方式中，选择适合你自己的一种尤为重要。你可以选安全型的，以保险为主，基金为辅，存款与债券囤积着"钱生钱"；也可以选择风险较高的，玩点股票、投点基金等。

但是，无论是选择哪种理财方式，都需要独到的眼光以及抓住机会的能力。很多久经考验的投资人，他们在讨论投资学理论时，可以说得头头是道，但当进入市场实际操作时，却毫无建树，甚至一塌糊涂，为什么会这样呢？这就要引申到一个非常重要的概念，就是"快、准、狠"的投资，缺一不可。

1. 将资本作为筹码

投资的资本是你的财富，但是在投资活动中你要将它当成筹码，赚钱也好、赔本也好，不要太过在意。如果投资不顺，亏本了，不必太紧张，既然是筹码，总会有胜败。就像打麻将，总会有顺风顺水与手气差的分别。一次投资失利并不意味着会一直失败,更不会影响到下一次投资,只看你如何处理。

你的金字塔里,塔底要有足够的保险、储蓄、教育基金等长线投资,这些是你拿出来作为筹码的资金。塔尖部分的投资,是你希望借此赚到大钱的。想要赚得多,也要相应地承担高一些的风险。如果不幸亏损了,也只是损失掉一小部分资金,整个金字塔依然可以持续稳固地提供投资保障,又有何惧?

做好了失利的心理准备,再加上将筹码运用得当,可以帮我们争取赚大钱的机会。熟悉投资技巧,并将它们应用于市场。纵然失败,也是全身而退,留有后路。有了这样的打算,即使市场不利,也可以保持冷静的状态,不至于一亏本就泥足深陷、万劫不复。只有将资本潜能发挥得淋漓尽致,才可能赚到高利益。

2. 训练思维,锻炼准确度,磨炼直觉

要狠,"狠字诀"的一个训练方式是保持警觉,经常在投资市场中枕戈待旦的实战氛围带动下,才能磨炼出近乎狼一般的直觉。首先,你一定要关注时事。所谓政治、经济不分家,这一点相信大家都明白。单是留意时事政治也是不够的,还要加以分析,这些事态发展下去会有什么影响,特别是对自己现在涉足的领域。最新的政治调控政策以及经济消息发表之后,会怎样作用于市场,这些也可以自己推测。当然,你不能只看报纸和杂志中的分析,专业的分析杂志能够传达专家们的真知灼见,但他们的分析不一定就是准确的,也可能带有个人立场以及偏见,甚至会有不同的政治立场,所以,我们在看专家分析的同时,要锻炼自己的分析力和判断力,不要人云亦云。分析了市场反响之后,可以多多留意形势的发展,印证一下自己的分析是否正确。

经常这样的研究和思索,看看自己的推测是否正确,就可以逐渐培养出对市场的敏感度,从而达到嗅觉灵敏,感知出正确的风向。只

有胸有成竹才能做到大胆投资，否则就是盲从，把钱扔到了金融市场这个无底洞。

通常来说，大家对熟悉的市场会勇于出手，而对陌生的市场，真正聪明的投资人大多会小心谨慎。所以，累积市场经验是无比重要的，只有经验充足，才能明确自己能够从什么样的市场中得到收益。

首先，在买卖之前要有充足的分析，考虑市场的走势才能做出符合情况的判断，究竟是要买进，还是要卖出。做出决定的时候也是出手的时机，时机稍纵即逝，非快不破。你会买多少、卖多少，都不能靠着感觉去行事，要基于对客观事实的分析，结合之前的学习，包括查看走势图标，分析政治新闻和经济走势的预测等，在未买卖之前，一定要将做这笔生意的原因记录下来。

其次，你打算投资多少，在什么价位时买入，在什么价位时卖出，原因何在？是你认为这价格已经很合适，还是情势不容许？或者是图表走势理论告诉你这个情势下会发挥作用？总之，你应该记录下来，方便理论的验证，这也是一个让判断的精准度提升的过程。

在实际买卖操作的过程中，市场可能如你所预计的，但也可能跟你所预计的恰恰相反。无论是怎样的市场，都应该将所得结果与之前的记录进行对比，比如是否符合大走势，是否某些方面没考虑到，准确度怎样，都可以通过记录了解到。

明确自己预测的准确程度有什么用呢？事实上，明确准确度并不是目的，而是一种手段。当你做出一种错误的预测，就应该多想一想，多看一看，反问自己，是什么原因导致预测出错了？是图表走势不符合理论？是突发政治经济措施的干预？是自己只侧重技术分析而忽略了基本要义？还是单纯的技术分析不到家，对阻力位、支持位、黄金定律没有了解透彻？总之，不管是什么原因，每次出错都要总结，以完善下一次的预测。当然，预测只是预测，无法保证100%的命中率，但是，只要能够帮助我们赚得利益，那么，这个预测就是成功的。

3. 磨炼是为了实战，实战是为了获取利益

通过这么多练习，学到手的知识要派上用场。首先，必须明白我们投资的修炼是为了能够在市场赚到钱。而在发家致富之前，一定要有一个稳妥的基础，正如之前论述的金字塔理论，"快、准、狠"多数是用在风险较高、投机性较强的股票等产品上，在投资这么高风险的玩意儿之前，要确保有自保的实力。否则，一旦遇上不可抗的投资风险，可能会使你"前无去路、后有债务"。

另外，一个完整有效的投资组合，可以很好地确保资金的稳定。完整的投资组合分为两部分，一部分是长线投资，一部分是短线投资。当长线投资组合已经在稳妥进行时，剩下的部分就可以拿出来做投机炒卖或者短线投资。不必拘泥于哪个市场，灵活选择即可，"快、准、狠"的原则就是速度与眼光并重。

只有不断地自我改善，掌握好投资的技巧，你对于市场的把握自然会越来越好。到时候，独到的眼光将会为你提供源源不断的财富，同时，这又给了你更强的信心，形成良性循环，有了这种无形的装备，只要机会到来，你就可以"快、准、狠"地抓住它。

话说，如果经过了重重磨炼，你发现眼前有一个绝好的机会，可以赚得不少，但是对资金要求有点高，超出了你所掌握的现有的资金，怎么办呢？向周围的亲戚朋友借钱投资固然是一个办法，但当你需要应急，需要快速便捷地提取金钱，不要忘记使用信用卡。信用卡如能用得好，不但可以解决问题，对于理财来说，还会是很大的助力。不过，使用信用卡来投资，你必须对自己所要投入的项目或者产品信心比较充足，或者是足够了解这个项目。要做好一个投资，最基本的是投资目标的制定与完善，明确自己想从这个投资中得到什么以及能得到什么。

量化投资目标,拒绝空泛

作为一个投资者,应该如何制订自己的理财规划?

目标的制定十分重要,而这个看似复杂的问题,经过一系列的准备,只需要三个步骤——制定具体的理财目标、制定符合现状的目标与实现目标所用的时间、预估收益率并选择合适的投资品种。

1. 制定具体的理财目标

量化的投资目标要简单明了。投资者一定要结合自己的收入和支出水平,掌握可控资金,从而选择适合自己并且符合预期收益率的投资工具。同时,必须结合时间来完成计划,确定一个合理可行的投资计划目标。不能好高骛远,夸夸其谈,说要在两年内白手起家,赚到几十万甚至几百万,在前面的章节中已经反复强调过了,这不是理财,而是投机和赌博。理财是一个稳定的过程,一个周密、详尽且深入生活的计划,它需要数据的支撑和精确的计算,也需要切实可行的方案。

赵先生是一位基金投资者,他需要用手头这100万元赚更多的钱供8岁的女儿以后上学,这就是他明确的这十年内的理财目标。赵先生根据需求，制订了一个教育储蓄计划，为女儿购买了十年期持续的收益型保险和参与基金计划，打算十年内边用这100万元供女儿上学边用它赚钱。他把这个需求限定为制订自己理财规划的基石，从各种理财工具中选择适合自己的方式。然后，将制定的目标与所完成的周期进行同期对比，就可以得到一张"量化需求记录表"，上面详尽地列出一切与之相关的项目。

那么，量化需求表的制作到底要注意哪些方面呢？

量化需求表可以分成短期、中期、长期三种。短期量化需求表通常是几个月到一年的项目，包括旅行、家用电器、紧急备用金、装修、维修、房租或者房贷等短期的固定支出；中期量化需求表包括至少是一年以上的需求项目，包括创业准备金、结婚准备金、子女教育金、购房资金和购车资金等；而长期量化需求表则主要指十年以上的项目，例如退休金、各种事业险、人身意外安全险等。在有需要的每一个项目后面填写详细信息，比如这一项目的预计资金、进行时间、实现与否等。

此外，有一点要引起投资者注意，不同阶段的人，其量化需求记录表也有所不同。例如针对我们的买房大业，不同的投资工具风险不同、平均回报率也不尽然相同，所以，要树立正确的态度，选择适合的时间和收益理想的投资工具，才不会产生额外的投资损失，比如交易手续费以及诸如买卖差价等各种非系统风险的投资损失。

2. 制定符合现状的目标与实现目标所用时间

这点很重要，就算你的计划再好，但是没有完成，也还是白搭。

还是用例子说明吧！单身的甄小姐，计划工作八年内购置自己的第一套房。计划下来，买一套市价80万的房子，首付款需要20万元，其余60万元的缺口分期付款，二十年下来，心爱的房子就成为自己的啦！

那么，她要如何赚到这20万元，又如何保证未来二十年内能够支付 60 万元呢?

如果计划在这八年内赚到 20 万元,需要两个必要条件。首先,要有一份稳定且具有中等收入的工作,工资毫无疑问是主要资金的来源;其次,选择合适的理财产品,并制订好一个详尽的理财计划,如图,可以列一个表格。

时间	项目					
第一年	工资	可省资金	存款	储蓄	加班/兼职工资	总额
第二年	工资	小额投资	上年储蓄	发展投资	收益	总额
第三年	累积资金	投资	预期收益	实际收益	……	总额
第四年	……	……	……	……	……	总额

制定目标的同时也制订一个时间限制,一方面可以激励计划制订以达成目标;另一方面,如果达成了目标,还可以增加自信心,刺激下一阶段的目标得以更好地完成。

3. 预估收益率,选择合适的投资品种

还是以甄小姐为例。她需要在八年内聚集到不少于 20 万元的资金,那么,就要进行一个每年 3 万元的财富累积过程。假设她的年薪是 4 万,那么在第一年里刚起步的状态下可以相对比较宽松,可以在偶尔加班或者兼职赚外快的情况下积攒 2 万元作为起步资金;第二年,用这笔资金进行小额投资,同时,这一年的资金又是一个滚动的过程,要确定到年底余额是多少,有没有达到本年赚取 3 万元的目

标，下一年要如何设定收益率，是全部选择比较保险的低风险投资产品，还是设计分出一部分用以谋取更大利益的项目等，这些问题都需要酌情考虑。

经过一系列的步骤，在了解自己的收支前提下，制定的目标会更科学，也更符合理财的本质。同时，一个明确的目标毫无疑问能够让我们做到心中有数，时时刻刻向着目标努力，更容易发挥我们的主观能动性。选择合适的目标，让自己朝着最终的目的地一步一步向前迈进吧！

第五章

终于有点儿闲钱了,让它越来越多吧

成为自己的理财大师,合理安排资产配置

1. 资产配置的原则和分类

资深理财师建议,在对家庭进行资产配置前,首先要了解以下几个原则。

一、要遵循稳妥、安全的原则,保证生活质量不受影响,并在此前提下合理投资;

二、要合理安排资产,确定变现时间,以保证未来正常的现金流动;

三、拒绝贸然进行自己不了解的投资;

四、要结合自身具体情况,选择高、中、低不同风险水平理财产品的组合,从而达到资产的合理安排。

一般情况下,家庭投资的方向可以分为三类。第一类是流动性强、风险小、收益较低,但总的来说能够保本的资产类型,代表产品为储蓄、人寿产品和国债等;第二类是流动性弱、风险相对较小、收益相对比较理想的资产类型,代表产品为收藏品、房产等;第三类是流动性强、高风险、高收益的资产类型,代表产品有股票、股票型基金和期货等。总的来说,高风险的资产不应超过总资产的50%。

资产配置结构按照各资产所占比重的不同，可以分为以下几种类型。

金字塔型：这是最为稳固的一种结构，低风险资产比重最大，高风险资产比重最小。这种类型的好处是安全性高，收益非常稳定，属于相对安全的资产配置结构，为保守人士所喜爱。

均分型：三类资产比重大致为33%、33%、34%。该种配置结构的各类资产趋于相等，家庭资产的风险与收益相适宜，是较为理想的现代家庭资产结构。

哑铃型：风险和收益持平的投资比重少，低风险和高风险的比重较大，像一只哑铃。该结构缺乏合理性，很多尚未置业的年轻家庭以及租房者因为条件所限，资产结构均属于此类型。

菱型：与哑铃型相反，风险和收益持平的投资比重最大，典型代表人群即为"房奴"。这种资产配置结构由于缺少保本型投资，稳定性差；又由于没有高收入，抗风险能力较差。

倒金字塔型：高风险资产比重最大，持平的次之，低风险的最少，典型代表人群是股民。这种资产配置结构风险很大，又缺少保本型投资，稳定性差。

2. 让你的财政远离"亚健康"状态

关于理财的目的，我们已经反复强调并讨论过了，就是通过对财务的合理分配和安排，保证自己的生活富足，与此同时，让财产实现保值、增值。那么要如何进行理财，才能让财务结构健康合理呢？

理财，除了要尽早树立正确的观念之外，初入此门的年轻朋友们还必须要思考一些问题，从而掌握正确有效的理财方法，让财政远离"亚健康"状态。比如，辛苦赚来的一笔余钱，是先买保险，还是先投资拿收益？如果选择投资，那么是买风险高的股票，还是买相对安全的基金？如果这些问题都没有好好思考过，就说明你还没有做好理财的准备，盲目地开始理财会给我们的宝贵财产带来损失。

另外，初学理财的朋友们，还要学会认识和辨别理财中常见的误区，只有这样，才能保证自己的投资决策和投资行为始终在安全的轨道。避开危险，稳步成长，才能保证自己的理财计划顺利地实现。

3. 负债不是负担，而是动力

无论是对企业还是个人来说，适当地有一点负债并不全是坏事，少许的负债可以通过杠杆作用，帮我们获得更大的收益。但要注意的是，并不是负债越多，杠杆能扛起的就越重，杠杆作用是有限度的。有专家研究负债与生活的关系，得出结论——个人或家庭的负债率不得超过35%，否则就会影响到个人的生活质量。负债率是由每月的还债数额决定的，每月还债数额除以每月实际收入所得的就是负债率。如果负债率高出35%，说明你的生活重心已经偏移到了债务上，过多的欠债，将给生活带来负担。对于"房奴"来说，尤其如此。

小吴夫妇刚结婚半年，刚度过蜜月就苦不堪言，为什么呢？原来，双方父母凑钱为他们置办了一套新房，作为结婚礼物。首付是老人们合力掏腰包贡献的，小夫妻月供3000元，乍一看，再幸福美满不过了，但他们小夫妻俩的月收入一共才4000元！每个月精打细算，连买一件新衣服的钱都没有，更让俩人寝食难安的是，这样的日子还得过二十年！

所以，适当的负债可以让我们更有动力，若超出了我们的可载力，将给生活带来难以言喻的重荷。

4. 制定一个合理而有效的理财目标

在生活中，我们常常有各种各样的愿望。例如"我想退休后过得悠闲"、"我想送孩子到国外接受教育"、"我想买一所大房子"等。常常有些人把这些与理财目标混淆，误以为这就是理财的目的所在。其实，这只是你的生活愿望，并非一个切实的理财目标。有不少人将理财目标与生活愿望画上等号，用理想中的生活来评判自己的理财收益水平，当然只能失望，认为理财根本没用。用错误的方法去解决实际的问题，怎么能不出错呢？个人理财规划的目标不是生活的愿望，而是个人所追求的未来经济生活所达到的境界，这取决于个人的生存环境及理财的方式。每个人所处的实际情况都不同，所追求的生活不同、年龄不同、收入不同、家庭状况不同，目标当然就不一样啦！

对于那些掌握了基本知识并且真正开始理财的人来说，大多数人期望每年的回报率达到10%以上。目前，银行提供许多理财产品，比如基金、外币、保险等，可以满足不同投资人的需求。这些产品只是略有风险，相对于高风险投资来说，还是比较低的，而且收益也不错，如果能打理好，10%的年回报率其实不难达到。当然，前提是你要有相关的专业知识，如果你连理论知识都不学，还想等天上掉钱，那么这本书你还是可以合上了。

只有花了时间和精力去学习相关的知识，了解有用的信息，才能比较好地掌握理财。如果只是自己想当然，必然会亏掉很多钱。

所以，在开始涉足这些投资之前，你应该明确以下两点。

（1）花费一点时间和精力去学习、了解行业相关知识，不要人云亦云。

（2）了解理财师行业，找到值得信赖的专业理财师。

如果你自身具备了相对丰富的理财知识，则可以试着结合自身的实际情况，为自己制定健康有效的理财目标，也可以寻求理财师的帮助，自己制订计划的意义是非同一般的，它标志着你能够在理财方面为自己打算了。

不要把鸡蛋放在同一个篮子中

■ **案例分析**

家庭成员：王先生，医生，26岁；张女士，会计，22岁。

收入状况：王先生月收入5000元，张女士月收入2500元，年终奖两人共计6000元。

家庭资产：拥有3万元的定期存款和5万元的活期存款，另有1万元左右的美金。没有股票、基金、债券等投资。

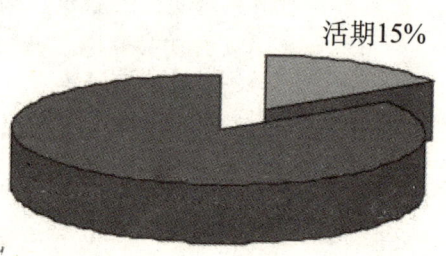

家庭投资资产配置图

活期15%

定期85%

支出状况：每月基本的生活开销维持在3000元，夫妻俩各投了一份综合险，每年的保费总支出为5000多元。

理财目标：三年内购置价值80万的新房。

财务分析：

（1）财务比率分析

家庭的负债为0，负债总资产比率为0，偿债能力较强。

储蓄比率为 50.03%，这意味着家庭在满足支出的同时，可以将收入的 50.03% 用于储蓄或投资，这是相当高的比率。中国的储蓄率高是世界闻名的，一方面受传统观念影响，另一方面也是由于人们投资意识不强，甚至没有投资概念，不知道如何合理运用自己的资产，以达到资产保值及增值的目的。

以上数据表明，该家庭的偿还能力极佳，可以适当举债投资；同时，家庭流动资金比率相当高，可以考虑使用积极的投资方式来提高收益；储蓄比率达 50%，表示此家庭具有相当强的理财能力，有很大的上升空间。

(2) 当前家庭财务状况不合理

该家庭的流动性资金比率偏高，财务安排并不合理，导致收益空间的压缩，所以家庭财富累积的进展比较缓慢；保险费用支出占总收入的比率小于 10%，比例合适。作为家庭经济支柱的王先生还可以增加适当的医疗保险，为保障家庭经济留后路。

家庭无投资性资产，仅使用现金和存款的方式，投资回报率极低。可不要忘了，任何理财的目的收益都应大于活期存款的收益，否则家庭面临的是"负利率"。

投资规划：

(1) 三年内购房计划

根据该家庭购房目标，三年内购买总价在 60 万~80 万的房产比较符合家庭经济状况。结合家庭的财务状况，要将购房款一次性付清略有难度，因此，建议首付 30 万，其余 30 万申请期限为十五年的房屋贷款（这样可以在退休前还清所有贷款并有更大的保值空间）。按利率 6% 计算，月还款 3993 元，每月结余可以负担此笔款项。

(2) 家庭保险规划

子女教育金保额 20 万，保障期限二十年。虽然两个人现在还没有孩子，但预计不久的将来会有，子女教育金的准备是迫切的需求，二十年后，无论家庭状况是好是坏，孩子的高等教育必须得到保障。建议购买定期寿险，额度 20 万元左右，以防止意外或变故的发生。

重大疾病、意外险，保额 50 万，保障期限为二十年。正当壮年的两个人需要保证生活的顺利以及工作的稳定，应当购买重大疾病险和意外险。

房屋贷款保额 20 万（房产的 1/3 左右），保障期限十五年（与贷款期长一致）。此项保险应当在购房贷款时购买，以综合险的方式同时为人身与财产提供保障。

以上保额总共为 90 万左右，相当于家庭年收入的 10 倍左右，即平均每年保费支出为 9000 元左右。

(3) *资产配置与产品组合*

就现有的投资方式看，该家庭的资金里储蓄占了绝大多数比重，但是储蓄的利率很低，显然不能满足收益需求。因此，要调整这部分庞大的流动资产，重新分配，以达到预期的投资回报率。

■ **理财师建议**

1. 货币市场

将 2 万元投入货币市场，将 1/4 存三个月的定期，剩下的可以试着投资超短债基金或者货币，另外，可以申办一张透支额度为 1 万元的信用卡作为应急资金使用。

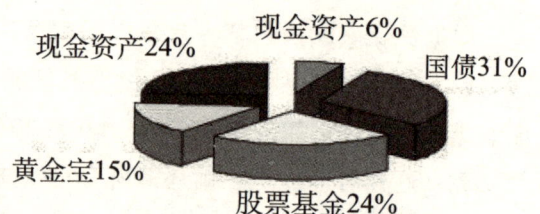

家庭投资资产配置

现金资产24%　现金资产6%
　　　　　　　国债31%
黄金宝15%
　　股票基金24%

2. 债券

作为安全系数较高，投资回报稳定的理财产品，债券被许多家庭所青睐。教育金准备是有固定回报的理财产品，但缺乏弹性，因此建议将教育准备金中的一部分用做组合搭配的债券。

3. 平衡型与股票型基金

在初入门道之时，可尝试投入平衡型基金，积累经验的同时，根据大盘走势，逐步掌握并投入成长型股票基金。事实上，基金回报丰厚的情况并不多见，只有个别基金回报率曾达到100%。一般来看，基金投资的年回报率浮动在10%左右，并且要基于中国股市所处的阶段，所以初定为年回报9%。

在选择购置基金时，不要只关注基金的业绩，更要考察其实质，包括投资研究团队的实力、公司的理念、风险控制以及公司诚信。一般来说，基金净值可以反映出基金管理人在一段时间内的运作水平，净值较高，意味着水平可能较高，同时说明该基金的持有股票上涨得比其他的更快。

4. 黄金宝

黄金投资越来越热门，随着黄金需求量的不断增加，2011年的黄金市场涨跌不定，并持续震荡，10月黄金市场价位回跌，出现购买热潮，同时，黄金在大方向呈上涨趋势，出于分散投资目的，可考虑投资一部分黄金宝。

5. 外汇理财

人民币兑换美元的升值空间仍然很大，为了以后的子女教育金做准备，应该储备一部分外汇，预备今后子女出国留学等资金。不过，因为该家庭尚没有子女，所以根据家庭情况，结合美元短期理财产品的固定收益，可以不结汇，转而做固定收益的外汇理财产品。

通过这样一个简单的案例分析，我们能够直观地看到，在进行优化重组之后，结构比较合理，"钱生钱、利滚利"，多样组合的理财方式使利益最大化、风险最小化。

　　从股市的波动也可以看出这一点。今年的股市使得不少市民跟风将储蓄转移至证券市场，这是一种"羊群效应"，属于非理性的行为，狂跌的股指也给跟风股民当头棒喝。就此看来，可以像本例中的家庭那样，接受理财师的建议，综合、健全、合理地配置自己的财产，将一部分资金投入风险较低的基金等产品中，争取获得最大的利益。

　　"不要把鸡蛋放在一个篮子中"，是永恒的投资真理。

心态决定一切

在决定投资时机和方式的时候,总是存在各种问题,面对投资理财中出现的问题,一定要胆大心细,寻找解决问题的好方法,在投资实业的时候尤其如此,心态要放平稳,不能急功近利,也不能好高骛远,避免陷入误区。

误区一:小马拉大车,跑死在路上

投资要有长远的眼光,但要时刻谨记量力而行四个字。刚开始自己投资创业的年轻人,往往雄心万丈,最容易犯这个错误。

小米准备投资电烤箱项目。经过前期的观察,他对这个项目充满信心,不顾一切地从银行"套"到了大笔资金,同时找朋友加盟,准备大干一场。在投资初期,小米的确赚到了一笔钱,于是他便看不起同行业前辈小打小闹、斤斤计较的模样,这种畸形的心态让他忽略了培养企业抵抗风险的能力。赚了钱的他满心想着如何扩大投资、如何赚更多的钱,于是"摊子"越铺越大,又连开了两条生产线,还了债后立刻又贷了更多的款,于是,在他的盲目领导下,公司的发展像一匹脱缰的野马,负债如滚雪球一般越滚越大。而小米却被胜利冲昏了头脑,丝毫不感到害怕,认为企业运转良好,只会越赚越多。与此同时,同行前辈们感到了竞争的压力,就开始策略性地进行产品减价,而小米的公司由于负债累累,无法降价,导致产品一生产出来就没有销路,一时陷入了困境。这种状况对于初期创业者来说几乎是致命的。

一开始就无节制地扩大规模,在企业迅速发展的阶段,必然会存在种种隐患,在不经意间就可能爆发。在经济快速增长的时候,可能感觉不到危机,信心十足,如果不停下来反省,反而盲目乐观,就很容易藐视风险,导致投资的泡沫越来越多、越来越大,企业最终崩溃破灭,投资者也由此陷入困境。

要做一个合格的投资者,就应当从综合的角度考虑问题。从风险与收益平衡的角度选择企业的投资走向、评估投资项目。同时,投资的规模要保持在可控范围内。在具体的投资中,应当将资金划分好,按照需求分批次、分阶段地投入,避免一次性投入过多,造成资金压力。要为后续发展留有余力,以防止出现环境恶化导致手中无资金周转的窘境。

误区二:单干比找合作伙伴好

国内某家生产消毒液的知名企业,一直以来都面临着产能低、需求大的窘境,生产的消毒液销路不错并得到消费者的认可,但是一直没有很好解决产能低的问题。面对这种情况,有员工向老板提议找"外援",用合资的方式寻找投资伙伴,在弥补资金缺口的同时,分担投资风险。不过,老板考虑再三,始终担心无法控制合作伙伴以及资金安全等问题,认为自己慢慢发展同样也可以改善这种状况,便对此建议置之不理。

2003年,"非典"突降,突发的疫情和急剧扩大的消毒液市场,造成消毒液供不应求的市场局面,而这位保守的老板最终吃到苦头,非但没有依靠时机赚到钱,还被其他几家同行借着"非典"契机大赚一笔，一举超过，使该企业沦为业内的二流企业。

这个故事告诉我们，投资者在投资活动中固然是要讲究资金独立、决策在手，但也要考虑合作的力量。适当的合作既可以弥补双方的缺陷，使弱小企业结伴在市场中站稳脚跟，又可以共同发展，一举两得。单打独斗却不知协同合作，创业者如果一味单干，就很有可能错过企业发展的好时机，毕竟利润共享可以保证双方都有份。"合纵连横"，这种春秋时代战国七雄的策略堪称经典，要成大事的投资者必须具备这样的素质。

误区三：合作伙伴要找比自己强的依附或者比自己弱的指挥

有些投资者为了能够在合作项目中拥有话语权，享受"说了算"的快感，在寻求投资的时候倾向于找比自己弱小的伙伴。

小林打算开家饭店，找了一个朋友跟他合伙投资饭店，结果这个朋友既没有厨艺，又没有钱入股，也不知道如何管理饭店，可以说一无是处、一窍不通、一无所知，非但不能帮助小林解决问题，还胡乱指挥饭店事宜。小林承担了饭店的资金投入，又听了毫无建设性的意见，整天忙得团团转，后悔找了个这样的合作伙伴，不但不能帮自己，还添乱。

与之相反，老张跟朋友相中了一个好地段，两人合资，也开了一家饭馆。老张有厨师证，是一把好手，他就出技术股；朋友有钱，投了100万元资金，但不负责大小事宜的管理。这样过了一年，饭店在老张的辛勤经营下，生意日渐红火账，每日流水账目能达三四万元，一个月下来有近100万元的流水，纯利将近30万元。这时，老张的朋友动了心思，表面上说不想干了，要老张付100万元资金盘下整个店，实质上是想逼老张走，独吞高额的利润。老张前期赚的钱都不够用，好不容易熬到盈利了，手里一时还真没有那么多钱，只能放弃退出。然而，刚刚红火起来的生意是靠回头客，饭店失去了技艺精湛的厨师，渐渐地，食客们也不常来了。

投资者在合作时，如果一心追求话语权而找比自己能力差的合作者，很可能得不到有力的帮助，甚至让一些强大的潜在伙伴对你失去信心、弃你而去，结果丧失更多的机会；而如果寻找的合作伙伴很强势的话，他可能会在你盈利较多时将你一脚踢开。以上两种情况都需要警惕，应选择实力相近的合作伙伴，开创共同的事业。

误区四：忽视"心急吃不了热豆腐"的道理

温州一家私营企业的小老板，见别人生产某种塑料产品赚得盆满钵满，不由得也心动了，连夜筹集了资金，想要尽快开展这个项目。此时，他手下一名经过大风大浪的技术员劝他说如果将开工时间推迟三个月，技术部就能安装调试好目前最先进的工艺设备，生产效率比现在高很多，产品质量也更有保障，更能赢得消费者的信赖。

不过，这位老板没有听技术员的劝告，认为一寸光阴一寸金，时间就是金钱和生命，百万的利润等着去赚，此时等待三个月，简直就是要了自己的命啊！于是，项目如期开工。结果，由于产品工艺粗制滥造、配套技术陈旧，并且市场上已经有很多同类型产品，他们的产品没有任何优势，很快就陷入了滞销的状态。这位老板悔不当初，重投巨资进行改革，将技术员重用，进行技术革新。

身为一个投资者，在刚刚涉及投资事业时，总是容易被眼前的利益所诱惑，在短视的危机下忽视了长远的发展，急功近利的行为虽然能够让自己一时获利，而从长远来看，并不可取，缺乏发展后劲。投资是一项系统的工程，作为投资者，务必要克服急功近利的思想，眼光要长远，万万不能杀鸡取卵、竭泽而渔。

保险可以用来"储蓄"

下面,来说说保险。

理财型保险种类繁多,但主要有保本型和非保本型两种。

保本型保险的收益由利息和红利两个部分组成,有的保险公司在促销时还会加送一两份其他的保险。利息是确定的,分红(即红利)则是视保险公司一年内的投资状况来决定。有的保险公司并不是每年分红,计算方式也不一样,这些是要了解清楚的,因为在理财中,分红绝对是重中之重,占到收益的不小比例,所以,无论是选择什么样的理财产品,都要了解清楚该公司的投资项目。

非保本型的收益相对来说比较高,所需要的手续费也高。虽说月复利挺好的,不过,如果资金比较困难,就不要强求了。

说到保险,就要关注保险公司背后基数庞大的股东群们。某个知名保险公司最大的股东为四大行之一,同时还包括有一系列国企,给人的印象不仅仅是简单的"负责给人家赔钱的",而是"花钱做投资的"公司。确实如此,保险公司并不是拿了你的钱就存着不动,它也玩投资,投资的范围比基金公司还广一些。值得一提的是,一般大保险公司的背后总是会有一个强大的银行支持投资,这也是常见的理财型保险融资，由保险公司和银行共同推出。

以某行发行的某保险理财产品为例，优缺点一目了然。

优点：门槛低，利率高达10%，分红稳定并且数额较为可观。

缺点：耗时非常长，短期内不能取用。

保险推销人员往往巧舌如簧，轻轻巧巧地就告诉你收益如何可观，刺激得你恨不得立刻就买。不过，这种忽悠型的促销方式一向不可靠，即使你当时买了，也可能回家仔细一想，不对啊！这部分我亏了，那部分好麻烦。于是，觉得不划算了，过两天又退了。有志青年们，不论是在购买什么样的理财产品之前，请先算一下该产品给自己带来的收益，重点要问清楚存多久、利率多少、赚多少钱、长期看每年的分红在什么水平以及该公司具体的投资项目。

1. 存多久可有收益？

这取决于你的未来规划，五年内需要买什么？十年里将房子买到手？十五年内要给小孩规划好教育基金吗？

看自己长期的规划，再看看保险公司，他们拿着你的钱去投资也是需要时间来赚钱的，一两年基本不可能回本。所以，不要幻想那些几乎没有风险而有较高收益的保险产品，它们只是在消耗你的时间。

在这种情况下，你要考虑自己手中有多少钱，这笔钱能够在多少年内不动用，选择这项理财的收益是否是最合适的。

如果你有3万元的定期，另有几千元钱的活期资金，此时，银行有一项理财产品，一次存3万、存五年，所提供的收益率也很客观。但是，你这3万元预计在两年内必须得用到，那就没有必要考虑该项理财产品，不如直接存定期。当然，定期的收益与任何理财产品相比都是有差距的，不过，它可以保本而且比较灵活。如果选择了理财，一旦没有到期就取出，就要扣除提前支取的手续费，收益损失率以及失掉的本金算下来，赚得还不如定期储蓄多呢！

保险虽然时间长，但是一年只用投几千块，支出比例相对较低，对现有的生活不会造成什么影响，并且预计在未来的十几年里，银行能够提供的利率也涨不到10%，更何况还有分红可拿，想想哪个赚，哪个亏，不言而喻嘛！

2. 利率多少，赚多少钱？

选定保险公司后，一定要问清楚利率和历年分红的情况，并且要了解该公司在做什么项目的投资。既然决定了要买，就买个最赚钱的。当然这个"最"是有对比条件的，在风险相近且都很小的情况下，保险的投资所得远远高于定期的收益，但需要时间。时间越长，越容易产生不稳定的因素。一方面，如果出了什么事情，比如生大病急需用钱，一旦买了保险，这笔钱就不能动，万一需要取钱，就有些得不偿失了。

我们在选择理财产品之前，必须综合考虑，要全方位地看问题。像保险这种风险较小、灵活性较差的理财产品，可以用来做强制性的储蓄。最好的规划方式是长期、持续地投入，比如将来小孩的教育金和自己的养老金等，都是在未来的几年到十几年内必须实现的规划。这类储蓄的资金最多只占你总收入的1/5，并且最好是不要影响到生活质量。如果只考虑风险低，而忽视了耗时日久，那么想通过保险赚钱而投入自己大部分收入，就是不明智的了。

有时，买保险时会搭送其他类的保险，这送的保险也要研究研究，图的就是它的"保险"作用，咱买保险不就是为了发生意外情况时能有个赔偿的地方嘛！

提起保本型保险，其产品五花八门，有身价险、人寿险等，每个险种所适合的人群也不同。比如，刚刚步入工作的社会新鲜人，买身价险的意义就不如有资历、有技能的前辈们，因为自己本身所能支付的金额有限，而投付身价险的一个条件就是所选的付款金额不得超过收入的1/5，在这个条件限制下，可选择的空间就小了，获得的利润也少。

　　还有广为人知的人寿保险，包含的内容更是丰富多样，最常见的人寿险就是养老保险。缴纳人寿险的好处有很多，最大的好处就是保本，而且养老保险相对来说起点较低，比起身价险、重大灾难险等，更加适合单身人士及资产较少的人士。

保险可以用来"保险"

保险作为长期储蓄，投保资金不能随意动用，这是一个很大的弊端，不过，这也强制加大了"储蓄"的作用。试想，如果你每月总是规定自己存下几百块钱，一定不能花掉，那么就可以将钱固定划到不能动用的保险账户上，到分红时期还有钱可取，这就在无形中可以替代长期储蓄。

保险种类多样，可以根据不同的情况选择不同的险种。

1. 重视身体健康，买人身保险

根据上海几家医院每年例行的体检报告显示，本地区中老年疾病的发病期越来越提前。80年代初，七十多岁为发病高峰期，如今，五十来岁中年人的高脂肪、高血压问题已经初露端倪。由于生活节奏快，生活、工作压力大，甚至有越来越多的二十多岁的年轻人也出现心肌梗塞的病症。

周小姐在上海某会计师事务所工作，是个典型的工作狂。她曾经在春节前一个月连续在外出差，并且每天加班至凌晨两三点，甚至连春节假期也在通宵加班。那段时间，家人和朋友都担心她熬不住。其实，偶尔的超负荷工作没有大碍，但是长期拼命工作，简直是在透支生命，很多人都并没有意识到这一点，这就是常说的"年轻时玩命挣钱，岁数大了再去拿钱换命"。可是，用钱怎能买到生命与健康呢？

据统计，目前上海有70%~75%的人处在亚健康状态，这是处在健康与疾病之间的一种临界状态，稍不注意甚至会"过劳死"。

对周小姐这种长期处于超负荷状态中的年轻人来说，一份看似普通的人身保险，往往能在危急关头提供额外的保障。

以一年期的人身意外险为例，不但能保障工作和生活中的一般意外及交通意外伤害，还提供门诊与住院医疗保障，另外，还能得到因意外伤害而住院所产生的误工费及护理津贴，能大大减轻投保人的经济负担。此外，目前人身意外险也提供多种便利的保障项目，如越来越受关注的紧急医疗救援服务。发生意外后，投保人可通过保险公司，第一时间获得咨询和代垫医疗费用等援助，投保人在购买时可根据需要自行选择和组合。

一份人身意外险的基本保单，涵盖了投保人在一年内发生意外事故、意外残疾、意外烧烫伤等情况，赔付额度为10万元至50万元，投保人可自行选择，还有20元/日的住院误工津贴和20元/日的住院护理津贴。另外，遭受意外伤害事故入院治疗、紧急医疗救援及遭遇公共交通工具意外（包括公共汽车、出租车、飞机、轮船），最高赔付达100万元，而每年所需投保费用仅需几百元。

绝大部分企业不予报销或难以界定是否属于工伤的意外医疗支出，如果购买了人身意外险，一般在一个月内就能完成理赔。另外，一些社会医疗保险不予赔付的治疗项目，例如注射狂犬病苗以及治疗超出限定额度（不同保险公司会有不同的规定）的部分，也可以通过个人意外险得到全额赔付。

投保时合理运用各种优惠政策，如使用特定的银行储蓄卡、信用卡购买，或在保险公司不定期推出的优惠期内购买，保费有时可以低至三折，但在需要赔付的时候，投保人享受的服务和保障是不打折的。

2. 社会保险不足，用商业保险来补补

一般的企业只为员工购买最基本的社会保险，对于初入职场的上班族来说，自行购买一些商业保险是增加人生安全系数的重要保障。

29岁的刘先生，北京大学毕业后在亦庄经济开发区的一家大型电子企业从事技术工作，月收入5000元左右，公司提供最基本的保险。这几年，刘先生攒了7万余元积蓄，仍然单身一人在公司附近租房居住，每月开支包括房租约2000元左右。按照他目前的工资水平，每个月有近3000元的结余，完全有实力为自己购买一些商业保险预防意外、疾病等。然而，刘先生认为，公司提供的医疗保障已经足够完善，将来结婚、买房、养子女、赡养父母等，还有很多需要用钱的地方，要尽量多积攒些钱，不需要购买商业保险。2008年的一天，刘先生突然在夜间腹痛难忍，到医院一检查，是急性阑尾炎，需要住院治疗，一下子就花掉医疗费用8000余元。几天后，他被车撞伤了脚，导致骨折，这一住院又花去6000多元。刘先生本以为有了医疗保险就不用担心，费用问题也没在心上，出院了才知道，这些医保费用是由医保卡中的个人账户资金和社会统筹资金承担一部分，其余的60%还需要自己支付。在共计近15000元的医疗费中，除去社会保险统筹部分承担的5500元以及个人医疗保险账户卡中原有的1500元，刘先生个人还得支付7000多元。

另外，社会医疗保险使用起来有诸多限制。比如在诊视费用方面，在住院期间产生费用且达到起付线以上的部分，15%要由个人自理，剩下的85%的金额由社会统筹基金支付，而在起付线以内的金额需要自理。也就是说，即使拥有了社会医疗保险保障，还是需要自己承担一部分风险。另外，社会医疗保险对于个别特殊情形，比如自

残、斗殴、自杀、吸毒、交通事故和医疗事故等所发生的医疗费用是不予以提供统筹基金、附加基金及个人账户资金支付的。像刘先生这样因交通事故所导致的 6000 元医疗费用，全部要由个人自理，如果刘先生能够同时拥有社会保险和商业保险，那么在上面的两次医院治疗中，他只需要支付约 3600 元。

3. 购买商业险的注意事项

当五花八门的商业险种放在面前时，相信大家都会很茫然。最关心的一点就是买了保险，年年供着，却发现作用不大，怎么办呢？我们如何选择最佳方案呢？

最重要的是确定自己需要投保的险种，选择自己需要的，不贪图小利。从保险本身来说，没有最完美的提案，只有最适合自己的方案。保险并不是越多越好，而是讲究投资与收益的平衡，你可以在健康、意外、保障、投资、子女、养老这六类里选出自己最需要的险种。另外，职业、地域、年龄、家庭和工资等都会影响保险的选择，比如你已经是一个享有社会医疗保险的人，当有意外或者重大疾病，面对高昂的医疗费用支出明显应对吃力时，就需要商业保险的助力了。如果没有社会医疗保险，则需要全面的商业医疗保险。

4. 选择可靠的保险公司

在选择保险公司时，需要注意以下事项。

（1）公司类型

不同类型的保险公司在经营范围和组织形式等许多方面各有不同，而这些差异都会影响他们的经营品种和方式。在我国，既有财产保险公司和人身保险公司等这些偏向传统类型的保险公司，也有健康保险、养老金保险、汽车保险和农业保险等分类专业的保险公司。经营范围不同的保险公司所提供的产品保障范围和专业程度是完全不同的，这时就需要根据自己的需要慎重选择。

我国保险公司的组织形式主要分为股份有限公司；政策性保险公司和商业性保险公司；中资保险公司、中外合资保险公司和外资保险公司等。它们的经营方式各不相同，在购买保险时要注意。

（2）险种价格

与其他的理财产品不同，保险的价格即保险费，是由专业的精算人员根据保险责任范围用科学的方式测算出的。这意味着保险费较低的保险产品，在保险责任范围或者给付保险金的条件必然会有其他限制。因此，我们在购买保险之前一定要设计出能够保障长远利益的保险方案，这样才能得到物有所值的保险产品。

（3）经营状况

保险公司的偿付能力和财务状况也是需要重点考察的。首先，可以依据保险监管部门或权威评级机构对保险公司的评定结果来了解该保险公司的偿付能力，一般来说，评定的等级越高，就表明这家保险公司的偿付能力越强。其次，可以查看这家保险公司的财务报表，分析其保费收入、赔款、费用和利润等一系列财务指标，从而了解其财务状况。当然，这些措施主要针对一些较小规模的保险公司，也可以通过保监会网站、《中国保险报》等保监会指定的信息报纸以及各保险公司的网站来获得这些信息。

（4）服务质量

保险，并不是交了钱就不管的一锤子买卖。售前和售后的服务对于保险来说也是非常重要的，在选择保险公司时，可以通过该保险公司的代理人和从其公司本部获得的服务来了解对方的服务质量。从前者的服务质量可以推断出该保险公司对代理人的培训力度与管理水平；后者则更为重要了，尤其是购买人寿险时，一旦与保险公司订立保险合同，就需要长期与该公司打交道，保险公司在服务方面的任何一点不足，都可能影响到你未来几十年的生活。所以说服务质量相当重要，一定要了解清楚。

5. 投保期限的选择

所有涉及按年份期限缴费的保险产品,建议大家选择期限较长的。因为刚开始参加工作,大家的经济实力还不强,如果在拥有同样保障的条件下,越长期限的险种,比如二十年以上,每年平摊缴纳的保费相对就越少,经济压力也会小一些,比较容易承担。按照我们所说的观点,假设每月收入扣除生活所需之后,有近2500元的节余,且手里有1万多元的银行存款,如果选择期限较短的缴费方式,导致缴费压力较大,就违背了我们买保险稳定理财的初衷。

规避风险"三大件"——
债券+信托贷款类理财产品+黄金

债券、信托贷款类理财产品和黄金,被投资者公认为是动荡市场中不能忽视的"避险三大件"。

1. 债券

近年来,债券业务发展势头迅猛,尤其是中小银行的债券业务。在中小银行的收益中,债券在利润中所占的比例越来越高。债券业务的发展势头如火如荼,要学习有效地回避市场风险,实现风险调整后的利益最大化。那么,如何在紧缩的货币政策情况下止损,减少债券贬值、规避市场风险等已成为各中小银行亟待解决的问题。

市场风险包含许多因素,其中一个重要的因素就是市场价格,受到汇率、利率、股票价格以及商品价格的影响,市场价格的不利变动,使银行内外业务都有了损失的风险。

市场风险分为利率风险、汇率风险、股票价格风险和商品价格风险。这几种风险的含义分别是指由于利率、汇率、股票价格和商品价格的变动(多数是不利的)所带来的风险。市场风险的研究在国外比较系统全面，我国还没有规范的系统，2004年12月，银监会出台《商业银行市场风险管理指引》，要求城市商业银行在2008年年底之前全面达到风险管理指引的要求，并且由于监管与商业银行风险调整后的需要，初具雏形的市场风险管理亟须完善。日常的债券业务还必须看准货币政策的趋向，及时把握投资机会，保证持有合理数量的债券，实现债券资产的流动性。

由此看来，完善的制度、规范的授权、银行各部门的分工合作、各种规避风险的政策制定和风险管理模型的建立，都是债券规避风险的优势所在。目前，货币市场正处于发展的阶段，各种新型产品、理财产品以及衍生产品层出不穷，债券业务在各行投资业中必定会占有一席之地，只要把握机会，规避风险，债券可为我们带来不错的收益。

2. 信托贷款理财产品

信托贷款理财产品，通常是由银行与信托公司联手一起推出的理财项目产品。该类产品运作模式的共同之处在于，信托公司平台建立单一的信托计划，通过银行向客户销售，成功筹集资金后转交信托公司，再由信托公司转给需要资金的企业。

"信托贷款理财产品的预计收益率往往比同期同为固定收益类的理财产品要高一些。"某省交行公司业务部总经理助理说。交通银行推出的信托贷款理财产品，不同期的收益都比较可观，一年期的产品均有5.6%的年化收益，半年期产品的年化收益可达5.12%。与定期存款4.14%的年利率以及大多数同类产品3%左右的年利率来说，信托贷款类产品的丰厚回报十分诱人。

期限短是信托贷款理财受欢迎的一个主要原因。银行推出理财产品是为了留住储蓄或吸引行外资金，表面看起来年化收益低于定期，可是为什么会有人买呢？奥妙就在于期限短。定期分为三个月、六个月、一年、两年、三年和五年，而信托贷款理财产品的品种丰富，短的有七天、一个月,甚至还有周六、周日两天的产品,目前年化利率约在2%左右,如果你手里有大笔资金正处于生意周转闲置中,又无法购买其他长期的理财产品,那么,使用这种短期理财产品就比较划算。

目前来说,各大银行都有信托贷款理财产品,有些产品甚至以每周一期的频率持续发售,可供选择的种类较多。

值得注意的是,信托类产品的本质是企业融资,通过理财产品直接向客户融资,而银行在其中只是扮演中介的角色,由客户承担风险。所以,投资者要对贷款企业及项目有一定的了解,才能更好地规避风险从而获得收益。

3. 黄金

贵金属专家 Nick Barisheff 发表著作,认为黄金比人们通常认知下的债券更能胜任财富保值的使命。

众多投资者都有一种思想,认为债券能够很好地规避风险,是一种安全的投资方式,而黄金投资充满风险和不可知性,波动性大,这从2008年金融危机中投资者的选择中可以看出。实际上,投资黄金能为投资者的财富提供物质保障。

近年来,黄金在保值方面的表现大大优于其他金融产品以及多数主要货币。在通货膨胀的情况下,黄金市场依然坚挺,债券市场却受不了高通胀的冲击,债券本金及收益均严重缩水。

当前的通货膨胀率稳定在2%,事实上,20世纪80年代初,就改进了通货膨胀率的计算方法,以一种更为乐观的方式对其进行较为保守的计算。如果按照原始方法,美国当前通货膨胀率是很可怕的,高达8.5%!美元的进一步贬值,使债券的实际价值受到削弱。

有人认为,投资黄金的收益是无法与债券所提供给投资者的收益相比。表面上看确实如此。但在8.5%的实际通货膨胀率的情况下,债券带给投资者的是年均5%的购买力亏损,根本无法为投资者获得任何收益，这意味着该债券的实力将缩水一半甚至更多。而黄金的年复利率高达 16.7%，相当惊人。除此之外，黄金投资者进行资金周转也很方便，仅仅需要对既得利益的一小部分进行结算，以达到资金周转的目的，剩下的资本仍可用来投资，并且确保资本购买力不会被侵蚀。

总而言之，债券与黄金各有优劣，在特定背景下投资债券，不仅很难规避风险，反而可能损失严重，黄金投资却一向是明智投资者有效的财富保值措施。

明白各种理财产品的特点，才能更好地规避风险。但是，天下没有免费的午餐，也没有无风险的投资。只要进行投资，收益与风险总是相伴而生的，我们要做的就是尽最大的努力，实现收益的最大化及风险的最小化。

高风险高回报，股票玩的就是心跳

　　股票这玩意儿风险高，遇到景气的牛市时，回报相当丰厚，但是遇到不景气的熊市时，也只能"挥泪割肉"了。2011年的股市对众多股民来说，真是让人辛酸。

　　36岁的林某在2010年6月份进入股市。现在，只要身边的人问起他炒股的情况，他就支支吾吾地回避，还不厌其烦地强调自己并不是在炒股，而是在进行理财投资。为什么呢？想想2010年6月开户的那会儿，股市浮动在2300点左右，身边一些被套的老股民对其羡慕不已，认为林某聪明，入市果断。林某入市初尝甜头，没两个月就挣到了第一桶金，这也让他有些小得意，四个月后，赶上了10月8日的股市涨势如虹，一下就赚了20%，那个时候的林某逢人就说，股票好，还不赶紧入一手！

　　而随后狂跌的局面，让涉市不深的"菜鸟"深深地感到了深刻的迷茫。林先生苦闷地表示，现在手里的几只股票惨不忍睹地绿，其中一只跌幅达25%。当初没入市的时候，他天天跟人聊股市，连坐地铁时也竖起耳朵听陌生人的"股票经"，现在自己入市一年了，朋友、同事聊天聚会的时候却没人谈论股票了，谁提起就是在自找没趣，不仅没面子，还让人烦。

中国股市一向都是小散户的"屠户"和"绞肉机"，不幸的是，门外依然徘徊着很多有"赌徒心态"的散户们，他们自然躲不过暴跌的命运。至于站在"股底"的股民心态，那简直就是苦涩又苦痛！

尽管市场跌不见底，但不是所有股民都深陷悲观。当A股正艰难挣扎探底时，中石油再次成为股民心中的一大心结。大批散户受到大盘暴跌的刺激，其中有不少曾经为中石油惨痛"割肉"的散户，和仍被中石油套牢的散户，则试探着抄底挽救损失。

炒股七年的老股民老辛凭借多年的经验，认为中石油还未到底线，A股的熊市还没有完，下一轮牛市遥遥无期。同时，中石油创历史新低是大势所趋，可以少量抄底。对这笔交易，老辛觉得自己眼光独到，并小有得意。

在惨淡不景气的情况下，你还要入股市？不如先观望，充分分析行情走势。不过只是单纯观望的话，是永远无法从中赚到一分钱的。但此时贸然进入实为下策，本来就是不稳定期，在股市走下坡路的时候投入自己辛辛苦苦赚来的血汗钱，不怕万一它一路下滑不回头吗？在这样一个动荡不安的股市，贸然进入必定是惨败而归的，那么，怎样才能让自己武装到牙齿，玩转股市呢？

初入股市需要注意的地方

一、学习，学习，再学习！

1.了解股市基本常识和理论知识。可参考《初入股市炒股大全》《股市理论》；

2.进一步了解、熟悉并掌握炒股理论。可参考讲K线的《日本蜡烛图技术》，讲形态的《股市趋势技术分析》，讲波浪的《艾略特名著集》《电脑炒股入门》和《股票作手回忆录》；

3.培养逻辑思维，养成分析习惯。可参考《投资智慧》《证券分析逻辑》；

4. 心态放稳，可看些股市小说，培养定力。如《大赢家》；

5. 跟着大师的脚步，阅读大师的书籍。如《股票大作手操盘术》《炒股的智慧》、张松龄的《股票操作学》、许祁光的《股票投资技术分析》。

6. 实战案例分析

二、研究

1. 善于借助软件分析，要熟悉一种软件，如常用的大智慧、同花顺等；

2. 运用技术指标分析历史走势，也可以用虚拟账户进行实战演习判断。

三、实战

1. 前期可以用虚拟账户的操作练手，熟悉之后可尝试以少量资金介入股市；

2. 慢慢提炼心得，形成一套属于自己的炒股策略。

想要炒股，就要先选择一家证券公司，比如广发、招商证券等，入市的保证金不高，只需2000元左右。拥有股东代码后，在证券公司提交申请，开办网上炒股业务。同时，下载证券公司的炒股软件就可以开始了，以君安证券为例，你只需到指定的网址下载大智慧软件，就可以开始网上炒股了。

在开始网上炒股之前，可以仔细阅读一下公司的操作手册，这本小册子会告诉你如何看盘，看消息以及分析行情等详细内容。俗话说"师父领进门，修行在个人"，其实更多的还是要靠自己钻研，如果初学者觉得看不懂，可以多关注一下地方电视台的股评栏目，学习其中的一些基本的分析方法，也可以购买证券报或证券杂志，作为入门指导。

买股票，重要的就是选好个股，那么，就要分析行业的景气度，查看财务指标、分析影响公司业绩和发展前景的重大政治经济事件等。

另外,附上炒股常用费用介绍

一、印花税

其收费标准是按 A 股成交金额的 1‰ 计收,基金、债券等均无此项费用;

二、佣金

一般为成交金额的 3‰,起点为 5 元;

三、过户费

两种过户费收费标准:上海证券交易所 A 股、基金交易的过户费为成交票面金额的 1‰,起点为 1 元,其中 0.5‰ 由证券经营机构交登记公司;深圳证券交易所免收 A 股、基金、债券的交易过户费;

四、其他费用

一般情况下,投资者买卖沪、深证券交易所的证券时,如果是本地买卖,需向证券营业部缴纳 1 元委托费,而异地买卖则需缴纳 5 元委托费。

短线股票——投机的哲学

性格决定战略方针

一个人的性格会决定他的投资理念,进而影响到他的每一次决策,所以说,决定"股运"的,除了市场因素,还有性格因素。经过长期的摸索和总结,"性格决定股市收益"的情况,大致上可以分为以下几种

养成型

喜欢从一而终的股民总是瞄上那些股价正处于低位的股票,然后买入并慢慢"养肥"。奉行这种策略的投资者,总是喜欢持有某只股票直到行情尽头。这不仅要熟练掌握股票知识,还要对这只股票有所了解,长期跟踪,熟悉其"股性",摸透了其"性格",它再怎么玩吸筹、试盘、震仓、洗盘、打压、拉升、横盘、对敲等狡猾的招数,也跑不出你的手掌心。而且,由于买入时的价位很低,即使日后出现跌宕起伏,也没有人能从你手中抢走。这种是富有耐心的投资者所喜好的方式,所需时间也比较长。

强攻强取型

这是性格比较强势、追求快速获利的人一般采用的做法。实行强势手法的人奉行的策略是无利不出手，空手套白狼。也就是擦亮眼睛寻找优良股，看哪只涨势喜人、哪只红得发紫便搏命杀入，力争与庄家虎口争食。通俗的说法就是追涨，即选择优势股升段时机大赚一笔，但并不参与个股的调整。不过，运用这样的策略，需要投资者对整个股市的行情十分了解才行，同时，还要有锐利的眼光、果断的决策力和强势的行动力，既要有追随捕捉涨势的决心，又要有及时决断的准备。这一类型适合敢想敢做、果断有力的投资者，要培养这种素质，需要坚持不懈地磨炼。

温柔关注型

股市虽然是一个追逐利益的场所，但急于求成或者过于势利都不能让你获得成功。只是单纯看着哪个板块炙手可热、哪只个股涨势如虹便盲目出手，想要分一杯羹的人，只会为整个市场的泡沫买单。相反，多多观望，能看到哪只股抬不起头，哪只个股受到沉重的利空打击，哪些股票在被反复"宰割"，趁价格到了底线时及时进场，就有希望得到股价反弹所带来的厚报。使用这一招的人平时大多同情弱者，是富有爱心者的专用策略，贪婪的人不会轻易使用，如果抱着非常强烈的急功近利之心，还是不要尝试这种方法了。

"腹黑"守望型

股市深不可测，规模非同小可，要在茫茫股海中判断出哪只股是潜力股，哪只股是垃圾股，哪个庄家实力雄厚，哪个庄家积弱难返，难度是越来越大。有些素来稳扎稳打的投资者，不沾走势可疑的个股，也从来都不在价位高的时候贸然进场。这一类人进场的原则很保守，不大跌不建仓，一般会在整个股市大浪淘沙般跌落之后，才万分小心地跟进，也只在整个股市虚华的泡沫被大盘洗出之后才去捞便宜货，绝不自己踩雷区。这种做法的好处很多，最常见的就是在大盘大跌之后，经历大浪淘沙的过程，可以轻易分辨股票的好坏。例如，大盘连续调整数天，一些实力不强的个股大面积溃败，此时，若能保持横盘走势，能自我调整甚至小幅走高的个股，就属于实力派。这个策略非常需要耐心以及锐利的眼光，适合性格稳健的投资者。

在了解自己是何种性格的投资者之后，还有一些地方需要注意，尤其是短期股票持有者更要注意。

投机落子无悔，对错不需挽救

短线投资股市是利用差价赚钱，在一小段时间之内，赚了就是赚了，亏了就是亏了。如果效益不理想，要果断止损，最忌讳的就是用低位补仓来平摊拉低成本。因为你永远不知道何时是最低位，低位补仓的结果常常是越补越被套牢，最后弄得不可收拾。

短线投机讲求的就是急功近利。落子无悔，判断对了就立马赚钱，决定错了就得马上认栽，颇有点愿赌服输的意味，止损总比亏得一塌糊涂要好。在短线投资中，所谓的"低位补进"，从而摊低成本的说法并不可取，因为没有太多让市场进行调整上升的时间，所以不提倡补仓。

直取龙头，不要回头

常常可以听到说某板块涨了，某板块跌了，是什么意思呢？这是一个股市常见的概念，就是说以板块的形式表现市场热点。既然是板块，就有很多个股，其中就有领涨的个股以及跟风的个股。领涨股被称为"龙头股"，它的特征很明显，即实力强。大家都涨时，它容易涨，大家都跌时，它则有实力抵抗大幅度的下跌势头。同时，它在上涨时的涨幅也会比其他同板块股票要大，可以说是遥遥领先；而下跌时，常常是在同板块股票开始易见头部时才开始破位，所以说操作龙头股的收益是非常丰厚的。所以，最好选中领先市场的"龙头股"，万万不能为了回避风险就放弃，舍本逐末地选择同板块的其他股票。

客观选股，拒绝主观

短线投资股市的时候要综合一切所得信息做出分析，切忌主观臆断。如果各种信息收集完备，对股市的知识也了解了不少，就可以再参考一些专家的意见来预测走势。单纯从构思高点位置或是主观认定成交量的多少来选择，百害而无一利。通常来说，持有走势极强的个股是十分幸运的，所以，选择方式上应当力求完美，如果遇到强势个股，连日走高、连拉阳线，那么，此时是否卖出的一个判断标准依据便是拉出阴线。也就是说，只要它一直在上涨、拉阳线，持有它就比卖出要好；一旦有下降的势头，拉出阴线就必须坚定不移地卖掉它。判断出货与否的任务要交给市场，而不是凭空想象。

炒股功夫深，境界在自身

做股票是赚是赔并不取决于入市时间的长短，这也没有什么特定的规则。要玩股市，首先要专注于自身的修养，包括善于学习的精神和谦虚谨慎的态度。炒股犹如做人，低调、谦虚是王道，同时，磨炼独到的眼光很重要。研究经济知识、熟悉股市是必不可少的，不过，更多的学习则在股市之外，要具备平和的心态与积极的人生态度，并要常常回望过去、展望未来，学会总结经验教训、变革观念、把握形势、顺应潮流。或许，你就会成为下一个创造奇迹的巴菲特！

基金定投，最简便的投资方式

基金定投的收益高于零存整取储蓄法的收益

当你手头上有一小笔钱，但是没有时间打理，同时，又不想有太大的风险，那么有一种投资方式尚可选择，你可以玩玩基金。

基金是一种合作投资的模式，人员多、专业性强、可操作性小。特点是，如果你把自己所攒的钱投入单独的一只股票上，这只股票升了你就赚了，跌了你就亏了，这样，你的风险是很大的。基金公司所做的就是吸纳资金，把很多人的钱集中在一起，然后投到多只股票上，这样，涨得多就赚得多，亏得多就损得多，有涨又有跌，收益就基本持平。至于基本持平后，收益是否会上扬，就需要看你选基金的眼光了。说到底，买基金和买股票差不多，同样都需要战略性的眼光。

当然，基金是有风险的。花 1000 块钱买的基金，五年后可能变成 2000 块，也可能亏得只剩几百。只是基金的风险没有股票那么大，收益当然也没有股票高。但与小打小闹的定期储蓄比起来，收益可说是很高了。

任何投资项目都是有风险的，如果选择收益相对比较大的，那么随之而来的风险也必定不会小。买基金的好处是在于，风险相对较小。同时，这种投资方式对时机把握的要求可以说是降到了最低。

作为一名社会新鲜人，我们尝试的主要是基金定投，也就是说只需要认定你选择的基金，每个月定时投放即可。

懒人也可以玩转定投基金

华尔街流传着一句话：要在市场中准确地踩点入市，比在空中接住一把飞刀更难。针对这种难以把握的情况，高人们想出了使用概率来规避风险的办法，即采取分批次定额买入法，克服在一个时间点买进或沽出，这样做能够衡成本，让自己稳稳站立在金融大潮之中，这就是定投法。

一般来说，基金分为单笔投资和定期定额两种方式。由于基金定额定投的特点是起点低，由此赢得了"小额投资计划"的称号，同时，因为操作方式简单，它也被称为"懒人理财"。

定期定额购买基金也很适合工薪族，特别是有强制储蓄目标的工薪族。市面上现有的开放式基金种类繁多，数目至少也有上千只，银行是主要的发行渠道。那么，对于经常要跟银行打交道的工薪族，不妨试着选定某只银行代销的基金，可与银行协议出每月的扣款金额，让银行定时把你账户上的钱转到你的基金账户上，方便快捷地完成基金的购买过程。这种方式的好处是有利于分散风险，同时，长期投资也可以稳定增值。相对来说，定时定额的投资法，不必掌握许多复杂的专业知识，在选择购入时机时也比较省心，是用时间在换取利益，需要耐心一些，要坚持持有。同时，在一般情况下，这种投资方式的收益高于零存整取的利息，为孩子储备教育金和长期规划养老金提供了不错的选择。

对于有买房需求的我们，在短短的几年里要聚集一笔足够的财富，那么，在理财产品的选择上尤其要慎重，且保险产品耗时过长，不大适合。此时，既保本又有可观收益的基金定投，就慢慢显现出优

势了。相对于高风险、高回报的股市来说，定投基金更适合生活节奏快、工作忙碌、没有时间了解理财知识的单身一族，因为股市需要时时刻刻观察行情与走势，稍有遗漏就可能造成巨大的损失，而基金定投一开始就设置了所购买的方式以及时间，只要定期划账、按时拿钱就可以了。

如果选择定期定额的购买方式，那么选哪只基金就特别重要了。一般来说，定期定额的投资方式，比较适合股票型基金或者偏股票型的混合基金，选择基金的首要标准是看它的发展潜力和长期的赢利性。

"一次性投资收益高，风险也大，定投就好多了。"从两年前开始进行定投的张女士说。她现在为了给4岁的女儿储备教育基金，每月从工资中拿出1000元进行投资。她更看重的是基金既稳妥又省心，安全性较高，钱放进去不用太操心。因为规避了一个判断时机投资的过程，按时定投的方式就明显比股票投资的风险低。

基金定期定额投资的特点与长期储蓄相似，能够积少成多，实现投资成本的均摊，从而降低整体风险。它的好处就是自动地逢低加码，逢高减码，无论市场怎样起伏跌宕，都能够获得一个相对比较平均且低廉的成本，因此看来，定期定额投资可消除市场风险的波动，只要基金整体有所增长，获利就是一个平均又持续的过程，并不需要为入市的时机问题而苦恼。

这样看来，基金定投是一个多么好的"萌物"！风险适中，收益尚可，时间不长也不短，各方面数据都很平均。不过，这一切是在整体市场有所上涨的情况下，并且与你选择的基金类型以及公司有很大的关系，并不是说每次选择基金定投之后就可以坐等钱来，基金也是有风险的。

基金定投,风险真的低了吗?

基金定投可以平均成本、分散风险

正如前文提到的,投资者一般是很难在恰好的投资点时入手,经常可能在市场高点时买入而导致不得不在市场低点时挥泪卖出。而基金定期定额的投资方式就没有这种烦恼,只要市场存在,不论行情如何变动,你要做的就是每个月在固定的那天投资基金,并且这是由银行的基金定投中心自动扣款,计算在当前基金净值下可买到的基金份额数。按期购买基金,投入的成本相对来说比较平均。

基金适合长期投资

由于是分批定额投资,股市在熊市或是盘整的时候,反而会越来越便宜,这样,在股市回暖后的投资报酬率也可以胜过单笔投资。中国股市的长期目标是呈现震荡波动上升的趋势,所以定期定额是一个持续简单的长期投资理财计划。

某投资顾问公司对投资者的一项调研结果显示,约 1/3 的投资者选择定期定额投资基金的方式。特别是 31 岁~41 岁的壮年族群,约 35.9% 的人在从事这项投资。根据投资者对理财工具的满意度调查提示,投资者的满意度为 39.6%,单笔购买基金者满意度达 56%,定投基金者的满意度也高达 53.3%,这说明投资者更青睐的是风险较低、安全系数较大且中长线稳定的增值型投资方式。

定投适合投资小型股票基金以及新生事物

新生事物通常长势喜人,中长期的定投绩效显现于波动性较大的新兴市场,小型股票型基金也有不俗表现。由于股市回调时间长且速度较慢,而上涨的速度较快,投资者可以在股市下跌时累积更多的基金份额,从而在股市回暖时获取更高的投资回报率。据 Lipper 基金走势显示,截至 2005 年 6 月,三年内持续此类投资的投资者所获取的平均报酬率达 23%。

手续简便,扣款是银行的事儿

定期定额投资基金得去基金代销机构办理,自此之后,扣款申购均会每期自动进行,以月为单位的居多,同时也有以半月、季度等其他满足不同客户、不同需求的扣款方式。投资者不需要一次一次地跑到代销机构办理手续。所以,定期定额投资基金有个外号叫"懒人理财术",这充分体现了它便利的特点。

基金定投有如下的几个优点。

(1) 节省精力,省时省力,省事省心。

办理基金定投业务之后,扣款是自动的,你只需确保银行卡资金充足即可,省去了去银行或者代销机构的时间和精力。

(2) 积少成多,聚沙成塔。

投资者的闲散资金通过定期定额投资计划的方式集中起来,购买标的,再进行投资增值,从而在日常生活中积攒一笔不小的财富。

(3) 不用斤斤计较投资时间点。

投资者都想低买高卖,但是很少有人在最准确的时机买入卖出,从而获利。定投计划在最大的程度上避免了这种主观判断的失误,投资者不必在意进场时间，也不必太在乎市场价格，并无须为其一时的短期波动而改变长期的投资决策。

(4) 分散资金和投资风险。

资金分期，不同批次的投资成本不同，有的高、有的低，长期持平则能够最大限度地分散投资的风险。

(5) 复利效果长期可观。

定投计划以复利的方式计算利益。也就是说，本金所产生的利息是加入本金中继续产生利益的，这样一个利滚利的过程，加上时间的推移，最终的效果明显。这也是为什么长期的定投获益良多，因为定投的复利效果是要经过长时间才能充分显现，因此不应当因为市场的一时疲软就随便终止。只要从长远来看前景尚可，市场的短期下跌可以说是累积财富的时机，在积累之后，如果市场反弹，就可以获利。

(6) 办理手续便捷快速。

目前，工行、交行、中行、建行、邮政、农行和民生银行等各大银行都开通了基金定投业务，其门槛比其他理财方式低。例如工行的定投业务，最低200元每月即可，而农行的定投业务，最低申购额仅为每月100元。投资者还可以在网上进行所有基金的申购、赎回等交易，只要网银账户与现实基金账户绑定，再设置好申购日等一系列定投事项，就可以完成交易。网上银行更加方便，具备基金账户查询、余额查询和基金净值查询的功能，还可以选择变更分红方式等，帮助投资者轻松理财。

基金定投与普通申购的区别

1. 普通的基金申购所需金额要比基金定投高很多，一部分低收益基金的最低限度投资为100元，且每个月的申购金额不变，与普通的浮动额度不一样。

2. 普通申购有较大的买卖风险，而基金定投的投资方式与投资成本较低，也更为平均。

综上所述，基金定投不愧为懒人的理财方式，虽然说收益并不一定就好，但也不会差到哪里去。我们单身一族手里能用的资本不多，要好好精打细算手中的每一分钱，基金定投这个热门的投资方式无疑是我们打理钱财的好帮手，玩得好可以赚不少钱呢！而对于基金的选择也在于自己的眼光，所以我们要打起精神，好好为自己制订一个完善的学习规划和投资计划书。

各种理财方式要快速地用起来！

上文提到了多种理财方式，都是整个理财积木中几个最基本的底座基块，要如何好好利用它们赚钱，得看你如何组合了。钱在你手里，要过日子、要买房、要买车，所以在如何理财的问题上，你是最了解自己财产的人。财该怎么理，这个问题值得仔细思考。

具体情况则需具体分析，怎样选择理财方式才能搭建起一座坚实牢固的理财金字塔呢？理财师告诉你：削减消费支出，扩大投资比例。

"80后"的理财经

25岁的木易投资小赚了一笔，月均收入达到2万元。木易花钱很随意，请客也大方，每月扣除固定的2000元房租，其余的支出近1万元。这1万元他在不经意中就花掉了，每个月都是跟同事吃吃喝喝、唱歌玩乐、打打球就不见了。

木易的理财目标是能在所处的一线城市市中心置办一套三室一厅的房子，同时添置一辆20万元左右的国产汽车，这一切都计划在35岁之前完成，顺便把恋爱、结婚等人生大事也一起办了。不过，他没有尝试过理财，平时消费以刷工资卡为主。除了每月的开支外，他把剩下的钱都存进了银行，存的还是活期，为了方便取用；工作几年小有积蓄，银行卡里有10万元的存款，需要的时候就随时取现。

理财师分析　木易还是单身，这一阶段是所有社会新鲜人从经济独立到成家之前的关键时期。这是一个累积的阶段，一般来说，此时期的收入增长得会比较快，因为生活负担并不重。如果是在外漂泊的游子，"一人吃饱、全家不饿"，花钱也不多。如果是与家人一起生活，甚至连饭钱都可以省不少。在经过了一系列的财务整理、清算之后，会进入一个收入比较稳定的时期，在钱赚得更多的这个阶段，一般单身白领开始结婚、购房、购车等一系列的生活追求，压力渐增，就需要为此准备一笔可观的资金。整个理财事务的重点应该是日常预算、债务偿还以及实现不同阶段中所追求的人生目标。

从木易较为自由宽松的财务状况来看，他的压力还是比较大的，手中的存款数额不大，10万元还得经受住购房、购车、婚礼等大额支出的考验，如果一直按他目前的生活方式，实现这个理财目标是非常有难度的。

理财师建议　木易的资产结构不合理，主要是银行存款，相对来说非常富有。一些限消费、扩投资的理财方式就比较适合他这样高薪的"80后"。木易可以把手里的存款和当月能够自由动用的那一部分资金用作投资的本金，留出一部分作为后备金，开始理财之旅。所有的理财产品大致上可以简单划分为两个类别，即保本类和收益类。

第一，木易每年要花2万余元的房屋租金，这部分钱用了就用了，没有任何收益，且耗资巨大，不如改成按揭买房，虽然会贵一点，但就他自身的条件来说，并非负担不起。假设连以后的婚房都一起置办，一套三室一厅的房子面积大约在100平方米左右，再加上木易每年资金累积的数额可观，在保证现有生活水准的条件下，如果合理理财，就可能实现买房的梦想。可以先付30%的首付，剩下的部分资金用按揭的方式支付，可选择利息少、时间短的还款按揭，比如5年期，这样算下来，月供约9000元。

第二，投资配比要做到自己心中有数。比如木易每年的存款有10万元左右，那么，他就可以将这笔钱按照金字塔形，以不同的比例，分别投放到各种理财项目中去。木易的收入比较高，抵抗风险能力相对较强，可以适当提高一些高风险投资所占的百分比。低风险投资一份，高风险投资三份，其余的资金可以分出一部分购买收益灵活的银行理财类产品，也可以考虑一下使用保险替代长期储蓄，同时，开放式基金也是一个不错的选择。

第三，如果不想买保险，也可以暂时不买，等到成家立业，开始家庭生活再考虑。在拥有了基本的健康保险和社会养老保险之后，还可以加一些商业险，特别是适当地购买一些重大疾病险、生命险等保障生命安全的保险。在当下，人身保险的额度一般，财产险、责任险等险种的额度要根据具体情况而定。

"90后"初出茅庐，如何攒钱是王道

今年刚刚大学毕业的小季，22岁，月收入2000元，没有存款，与人合租，计划六年内在自己家乡的小城买一套一室一厅的住宅自己居住，那么，他应该如何做呢？

月收入并不可观的单身一族，迫于囊中羞涩，无法选择全额付清房款，于是走上了借贷之路，成为了"房奴"，这种情况并不少见。小季其实不用急着买房，而是应该给自己的人生制定一个合理的规划，六年内让自己充电、升值、增加收入与储蓄金钱，起步走稳了，才会有源源不绝的上涨空间。

理财师建议 刚出社会的都市新鲜人，首先要积蓄一笔可用资金。月入2000元的小季可以这样分配他的财产，如生活必需资金800元，房租400元，剩下的800元以零存整取或者定期的方式存入银行，并且每个月强制进行储蓄。在一段时间之后就有了一笔小小的本金，可以考虑选择投资比较稳定、小额投入但收益相对高一点儿的基金，最主要的目的是存钱。

理财产品的收益率各不一样，可以搭配不同收益率与不同风险的产品，力求利益最大化。比如，每个月存800元的定期，按一年、六个月、三个月的方法存一年，到第二年可以有1万元左右的本金。之后将这1万元按照1∶3的比例，购买风险系数低的理财产品与收益率高的理财产品，同时，继续每个月存一笔，这样既有了保本资金，又尽可能地冲击高利益，争取在六年内攒到自己的第一个10万元，淘到第一桶金，也就好办了。

综上所述，要自己制订好理财计划，就需要非常了解自己的情况，且要对市场把握得当。对于相对贫穷的单身一族来说，若将辛辛苦苦赚来的薪水全部盲目投资，只会是有去无回，竹篮打水一场空。

步入社会的新鲜理财人，如果将资金全存定期或者活期，真是毫无前途；全部买股票、股票型基金和黄金等又是不给自己留后路；而把钱全扔进保险理财，则纯粹是在盲目投资，要靠运气。

那么，如何选择正确的理财方式呢？

首先，自己心中对未来要有一个具体而明晰的计划，并为之努力。保证基本生活支出无问题，储备好风险来临时可随时提用的资金，在确定将来有稳定规划的前提下，合理大胆地冲击高额回报，买股票、黄金、期货等。但要注意的是，一旦投进去，你的资金就不是安安稳稳地增值，所以一定要胆大心细。

其次，在理财刚开始的阶段，要询问理财业务员以下问题。

1. 理财是收益型的还是保本型的？保本型的是不是一定不会动我的本金？

2. 收益是怎么计算的？利息是怎么支付的？是每年以现金的方式存入我的银行卡，还是在本金到期时一起提取？

3. 需要多长时间？投入的钱得多久才能动用？

4. 分红怎样计算方式？是放大几倍返还，还是按收益比例支付？有没有年终红利？

5. 如果购买该理财产品时赠送了保险，它主要是哪方面的？在什么情况下才能得到理赔?

6.保本型理财的手续费如何计算?

最后,也是最重要的一点,保持自己的步调与计划相当且有自己的投资计划书!

如果你的计划是从现在起存一笔钱开始理财,到第六年小有一笔财富足够买房付首期,那么在理财的选择上就要尽可能地靠拢这个目标。假设某理财产品是五年10%利息(分红另外加算),这样算下来,就算有另一个理财产品有存十年、16%的年利率,还给分红、送保险且到期返还等好处,哪怕业务员讲得舌灿莲花、分析得鞭辟入里、描述得生动动人,你也不该选择它。你必须知道自己的理财目标——我存这钱就是为了攒够六年后买房的首付款,再多也不要!

投资,要有自己的一把尺。总结上文提到的内容,即分散本金,多处投资,减轻压力,舒适生活。

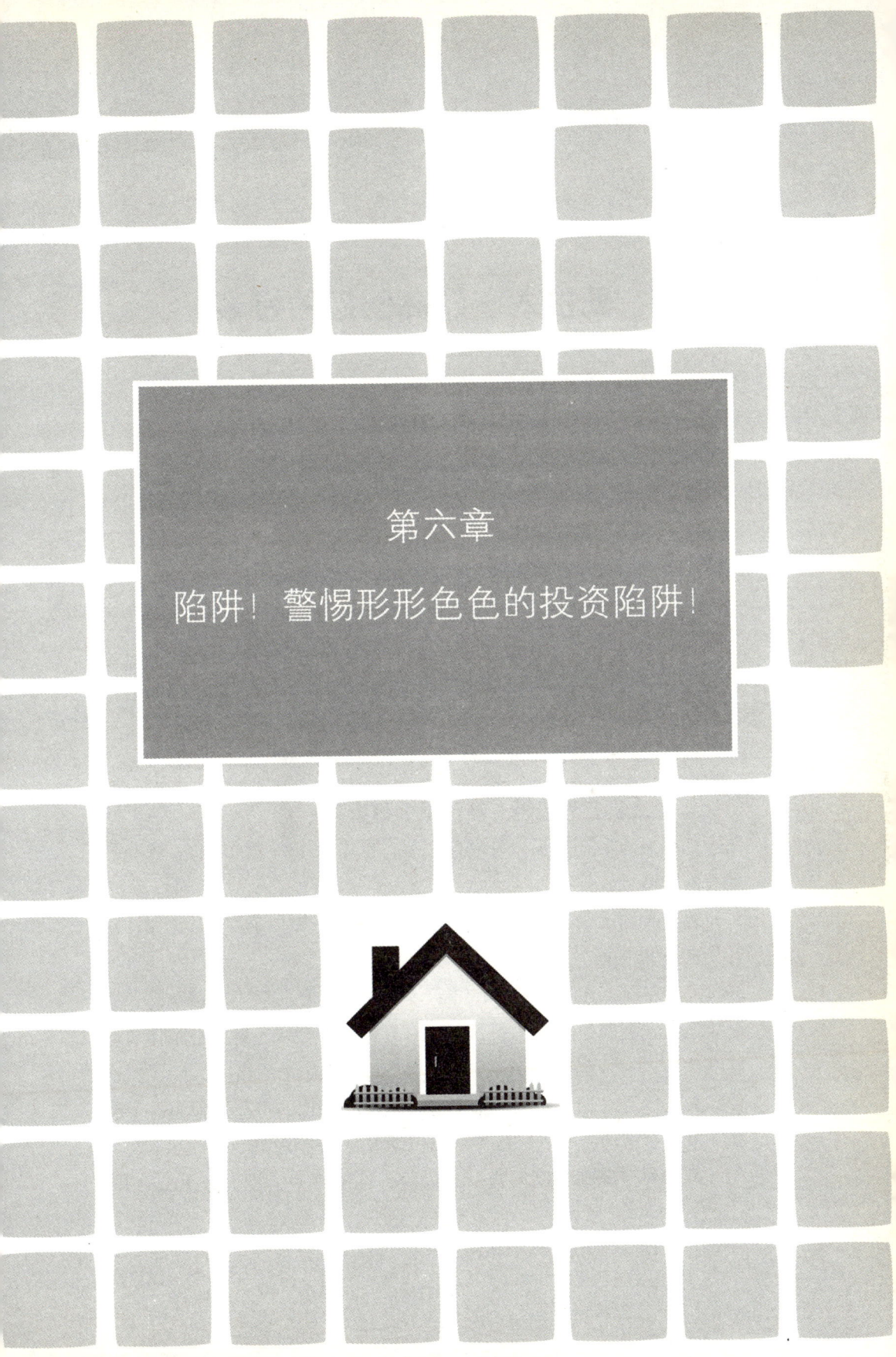

第六章

陷阱！警惕形形色色的投资陷阱！

低投入、超高回报的好事

投资理财不可避免地会遇到风险,如何控制风险而且避免踩入陷阱,是每一位投资者必须学习的课程。在投资理财的过程中有许多不可测和不可知的风险,我们要通过学习认清风险,识别形形色色的陷阱,来确保自己来之不易的资产安全并在此基础上获得收益。

1. 世上真有无风险、高回报的好事吗?

如果有人向你推销一种理财产品,承诺给你高额的回报,那么一般有两种情况。

第一种情况是许诺你有非常高的回报,要多少有多少。比如,刚开始向你推销时,说年收益率有20%。你想多赚点,就问能否达到30%,对方顺着你的话回答,"能"。算一算,要几年才能翻番,于是继续追问,利润怎么能达到50%,对方顿时咬咬牙、狠狠心跟你"坦诚交代",说看在你如此热心的份儿上,就给你个承诺,"可以"。这种空头支票是永无止境的,很明显,也没有实现的可能。因为这个超高回报不合常理,所以,这种引诱伎俩很容易被识破。

第二种情况则为高回报、高风险。许诺每年给投资者10%~17%

的回报，这样看来，虽然实际上并不是真正有得赚，但与前一种要多少有多少的回报率相比，较为真实可信，也比较合理，符合人们对高额收益的构想。但如果他们知道了自己所得的回报完全不是正确合理的投资所得，而是靠着下一投资者的资金，结果就不同了。这种虚假承诺的投资回报，与真正意义上的理财产品的预期收益根本就不是一回事，尽管从理论上来说，后者也是个数字而已，但就不那么靠谱了。这些高额回报的投资陷阱就是由运投资者常有的"一夜暴富"的心理应运而生的，这种心理十分常见，比如接下来提到的投资某种新上市的原始股。

原始股票是指该公司正式上市前所发行的股票。预计在一个公司上市之后，原始股份的持有者可以获得原先的几倍甚至是几十倍的超高额回报，许多人趋之若鹜。不过，购买到原始股份的机会屈指可数，且购买条件相当受限。这种经过伪装的行骗工具，只要仔细辨别，就会发现，它们简直是骗子们最好的工具。

从根本上来说，原始股的陷阱多种多样，但是通常离不开以下几点。

第一，空手套白狼，诳你没商量。光大银行的事例非常典型，"光大"上市申请投递之后，一直等了两年才开始发行原始股，在这两年的"空窗期"内，就有明目张胆的骗子打着"光大银行"的旗号，向不懂投资的人士兜售原始股，实际上他手里根本就没有。

第二，原始股并不是都会升值。购买原始股也有风险，可能到你手里的已经是一个被侵蚀光的烂摊子。的确有原始股，但是不一定上市。熬啊熬，熬到所持有的原始股几乎都被遗忘的时候，公司终于成功上市，这时候能松口气了吗？答案依然不确定。因为上市之后满一年原始股才能转让，这期间就存在着一个流动性风险以及股票价值风险。总的来说，就算买到的是原始股，也要研究一下公司的生产经营状况和赢利状况。

2. 天下没有免费的午餐，小心金融陷阱

问卷调查的结果显示，连续两年，40%~50% 的投资者最不满意的金融机构就是银行。包括银行在内的各类金融机构都有很多业务开展得不尽如人意，服务让客户不满意，结果自然不好。再加上如雨后春笋般冒出来的各种的金融类诈骗公司，也逐渐让投资者感到危机重重。

有关部门的数据统计显示，中国消费者协会去年一年的金融服务投诉量大幅增长，较以往有上升趋势。投诉主要为三个方面：网点服务、信用卡、理财产品的保险部分以及基金部分。

在金融领域，风险与收益总是并存的。有收益就会有风险，而服务质量的下降，则会在无形中损失你的时间，本以为 VIP 客户办理业务会比较便利，于是花钱办了一张 VIP 卡，结果到银行一看，VIP 窗口前的队伍排得比普通窗口的还要长。在免息、免年费等信用卡推销的诸多诱惑下，终于办了张信用卡，却一不小心陷入了"利息黑洞"。

同时，金融从业人员有意识的误导，会令你决策失误，从而蒙受损失。一些投资者办理储蓄业务的时候，会被贴在窗口旁"收益更高"的保险广告词误导，也可能柜员的不实宣传，错误地把保险当成储蓄用。本来好好的储户，摇身一变成了"保户"，希望不要成为"低保户"才好哟！

还有一些不道德的"投资专家"们，他们唯利是图，根本不在乎你的切身利益，反正你的钱亏了，该交给他们的管理费用分毫也不会少。甚至有个别黑心人士，还会把他们自己的失误冠上"契约约定"之名，让投资者自尝苦果。更令人气愤的是，某些打着"委托理财"的名号进行诈骗的投资公司，诱骗了不少投资者，很多投资者一时冲动，将资金投入进去，结果白白损失了几十万甚至上百万的资金。

要做一位精明的投资理财者，就必须时时刻刻提高警惕，看牢自己的钱包，不要忽视隐藏的危险。

3. 警惕"基金陷阱",别轻易相信超高回报率的好事

基金是一种便捷的投资方式,吸引了很多人争相购买,同时,也有许多不法分子打着基金的名号,欺骗那些对投资和理财不甚熟悉的新手。有时候,骗子的手段并不高明,但是精明的投资者还是会不慎上当,这完全是因为对利益的贪婪。

作为一个投资者,不贪婪简直没有赚钱的动力嘛,但是,我们不能被贪婪迷昏了头脑,任何时候都要保持清醒的头脑和理智的投资方式。

三个在网上认识的骗子,用两台电脑建立起两个虚假的网站,竟然在短短两个月的时间,骗到了众多网民的资金,总计人民币64万余元。之后他们就关闭网站,携款潜逃了。利用高额回报设立骗局,让不熟悉市场的"基金迷"上套,这种伎俩利用的就是投资者希望能够快速回收投资资金的心理,结果损失惨重。比如,投资者投资了所谓的基金10万元之后,每天到骗子设立的网站上察看,发现自己网站上显示的数据是本息合计18万元,返利正源源不绝地往上涨,看似是前景无比美好,但到了最后要提现时却发现无法登录,是真正的"竹篮打水一场空"。

这些骗子的作案手法并没有多少新意,无非就是披着基金的外衣,以拉人头加盟为主要的行销诈骗方式,收的会员费高昂得不合理,所做的工作也无法创造产值,只会吃掉你的资金、吃掉你的时间,根本不会给你带来任何收益。

就基金来说,方便快捷是投资者选择它的原因,但是这并不意味着选择基金定投就不需要了解理财知识了。不论是已经入市还是尚未入市的投资者,都应时刻谨记这样一句话——投资(股市)有风险,入市需谨慎。当你一片热忱投身进基金的大潮中还要注意,这里面的一些不法分子,他们利用网络,将非法集资披上了合法的基金和股票投资的"外衣",迷惑投资者,进行基金诈骗。

在这里提醒大家,投资的时候,一定要擦亮眼睛,慎之又慎,千万不能上当,以免使财产蒙受不必要的损失。

小道消息不可靠

小道消息可靠吗？靠不住！

股神巴菲特曾经说过，要让一个百万富翁破产，有一个最快的方法，那就是告诉他足够多的小道消息。在巴菲特看来，不可靠的小道消息足以让一个百万富翁一夜之间破产，那么，对我们这些普通投资者来说，随意听信小道消息投资更是不可取，这无疑是拿辛勤工作赚来的钱去打水漂！

准确的消息永远不可能来自知情人的讲述，这是整个金融市场的游戏规则。如果你没有研究学习过，只想着单单靠小道消息就发大财，若真的能成功，这世界上不知道会有多少个巴菲特了！即便这个消息真的让你获得了暴利，也不可能长久。

银行网点里那些挂着工作牌、穿着工作服的工作人员，不一定就是银行的正规理财师。他们在向你介绍理财产品时，多数都只谈收益却不告诉你风险。

俗话说"信则有，不信则无"。很多投资者对于小道消息的态度则是宁可信其有，不愿信其无。有一些基金经理被指责参与内幕交易，从这点来看，人们相信内部消息的存在是有根据的，而且认为用

好了内部消息可以赚钱。这种小道消息主要关于上市和重组。就"越接近内部则消息越准确"的规则而言，人们认为前重要官员的话"非常可信"，而萍水相逢、平白无故偶遇的某个公司"内部人员"的话，则"有点可信"。其实，这些都是靠不住的。先不说这位"内部人员"的真假，就算他真的是公司内部人员，他个人提供的消息又如何保证是真实的呢？公司的内幕消息有很多，可不是任何人都能掌握到准确的内幕信息的。

在股市6000点的时候，入市的人很多，几乎成了全民炒股时代，满天飞的小道消息一天一变，如果都听，那就不用选股了。成也内幕，败也内幕，一个准确的小道消息或许能够让你这次赚得盆满钵满，但只要有一次决策失误，就全部赔光了。

专家的分析不是小道消息，很多人向专家提问股市走向，但是在专家眼中，这样的问题价值并不大。没有人会知道股市将来的走势如何，虽然说不是涨就是跌，一半说涨一半说跌，总有人会说中一两次，但不能保证每次都准确。股市行情不可预测，**投资股市，最关键的不是如何预测，而是如何应对不同的状况**。技术分析只能解释过去的走势，无法预测未来的走势，况且股市变化无常，任何技术分析方法都无法套用到实际中。在进行股票投资的时候，调整好投资心理并且给自己制订交易的规则是十分重要的。

在这个全民理财的时代，我们要学习如何规避风险，尽量不要被显而易见的骗局所蒙蔽。所以，对各种金融行业相关知识的了解是必要的。

如何避免深陷小道消息的泥沼

各种理财市场的小道消息总是真真假假，虚实难辨，作为一个普通投资者，我们应该如何正确地搜集和分析这些信息呢？

第一，对上市公司要有所了解，收集该产业的相关信息，了解国家宏观经济政策对该行业可能产生的影响，如CPI、通货膨胀率、就业率等。身为一个股市投资者，要做到时刻关注国家政策，比如在宏观调控的情况下，为了应对通货膨胀，实行的是紧缩的货币政策。还有，不同的货币政策有不同影响，在特定的经济时期，国家会发行特别的国债，这些都会对股市产生直接或者间接的影响。所以，一定要把握国家宏观经济的政策，了解走势。

第二，分析所投资公司的行业状况。有的产业是"朝阳产业"，有的产业则被称作"夕阳产业"，但是不同地区情况也不同。在西方，钢铁行业普遍被认为是"夕阳产业"，但在中国发展工业的今天，钢铁行业不仅不是"夕阳产业"，反而还很热门。中国房地产大行其道、大兴土木，汽车行业也在逐渐发展，这都是大量需要钢铁的行业。近年来，发展最快的公司，或者换句话说收益最好的公司，就是我们要投资的企业。所以，要先分析行业特点，再判断投资的公司在行业内的影响力，最好能找到行业的"龙头老大"。

第三，对上市公司的状况也要进行分析。因为距离以及时间等的关系，中小投资者亲自到上市公司进行调研是不现实的，而在网络时代，通过报道、网络和电视来收集该公司的相关信息，做出分析也不是特别难的事情。每年上市公司都有报表，可以从这些季报、年报中看出蛛丝马迹，投资者要好好地研究资产和现金流量表，从而了解这家公司能不能赚钱、现金流如何等情况。

至于"小道消息"，大家听听就行了，实际操作时还是要三思而行，到商店买个衣服都要货比三家，更不用说投资了，当然不能别人一说好我们就买。但是有些投资者，偏听信流言，听说一个小道消息就兴奋得不行，立刻决定交易，也不管消息的可信度。要知道，小道消息最难判断真假，我们听到的那些所谓的消息，很可能已经是滞后的消息。所以我们应该对上市公司有全面的了解，做出客观公正的分析，从而决定你的投资方向。

天花乱坠的宣传，无人问津的销售

理财产品都不合心意，想要自己创业？没问题！踏踏实实、一步一个脚印地做吧！

咦？打算创业了，才发现麻烦事儿更多了？

是的，自己创业与打工不一样，有自己的小店，就意味着有了一份不能忽视的责任，要自己张罗一切事宜，不再被动接受工作内容与任务。至于选择如何创业，也许你有着自己的考虑，那就看准市场决定吧！

高回报作诱饵，却不料毫无市场

如果有人向你推荐一个产品，声称其攻克了世界级难题，前景光明，回报诱人，是一项运用了新技术的医疗保健产品，你会不会相信呢？骗子有这样的通病，与你谈需求的时候，会告诉你需求庞大；提到生产时，就说如何如何高产能，可偏偏不谈销售，因为这些东西往往是没有市场的。姑且不说这些产品能不能生产，就算能生产出来，若没有市场，也没有人购买，你投资的钱还是流走了。卖不出去的产品就像无法交易的股票，没用。

"低投资、高回报，你可以一边悠闲地喝咖啡，一边轻松地挣钱"，这样的宣传语极具诱惑力，传销组织总是用这种宣传语让很多人深陷其中而不自知，往往感到深受其害的时候才悔悟。比如说投资某产品，公司免费带您去旅游，双飞，五星级酒店，门票全免，"纯玩团"！如果是一项普通投资，收手续费还来不及，怎么会既帮你赚钱又有旅游大奖，真的有这种好事被你碰上？凡事要留个心眼，别忘记"羊毛出在羊身上"，吃喝玩乐的钱可都是从你的投资里扣的。这还算是厚道的。更狠的是直接把"羊"宰了，携款潜逃，真正诠释演绎了"心狠手辣"。这些组织的共同点是并没有真正的产品，如近两年的传销组织打着招收服装加盟商、网络加盟商的旗号，集聚了大批"梦想者"的钱财。

不卖产品也能赚大钱？

胡小姐是一名普通职员，工作四五年，工资从未上涨，她很不满意自己"钱途"黯淡的生活。去年年底，胡小姐看见了一个加盟内衣连锁店的宣传语，还附上了网址。内容是说，在网站注册并缴纳会费，就能用非常低的折扣购买到衣物，从而开一个属于自己的网店。还有一个非常优惠的活动，就是如果发展下线会员，则可以得到永久的收入，并且承诺在一年内，可收入几十万。胡小姐对这种赚钱方式很感兴趣，既卖产品又赚佣金，还不用操心货卖不出去，于是很快就加盟了。

然而好景不长，到了五月份，胡小姐的微博状态改成了"一场空"。胡小姐说不仅赚不到钱，反而将前期投入全都亏了进去，还不如回家跟着老妈卖衣服。当她被问到是否知道这就是传销项目时，她沉默了。

还有一位林女士，也是该网站会员，但她在加盟了该公司之后不久就退出了。林女士说，只有会员身份才能以折扣价进货，但是成为会员的条件比较特殊，一定要购买该公司的商品组合，并且美其名曰

"投资"。经过一番对比，林女士发现，该公司所提供的商品价格与市场价相差无几，折后价格也基本都是商场的促销价位，根本没法赚到钱。这样一来，会员要靠什么才能赚到钱呢？答案是拉人头、发展下线。林女士从"结合缴纳会费以及依靠下线赚钱"这点判定，这就是不折不扣的传销行为。

　　许诺高额回报，一个劲儿地夸大赚钱计划，是不能称为理财的。我们要赚钱，就要正正当当地赚取收益，虚假的传销根本不能为我们带来持续、稳固的收益，投资者要擦亮眼睛，学会仔细分辨。

稳赚不赔，包退款

高收益、低风险、时间短、来钱快的投资理财产品是不是很让人心动呢？人人都想买，可它永远都只存在于人们的想象中。骗子们在这点上都很会忽悠，承诺你低风险甚至是无风险，但是可以获得很高的回报。可是，他们凭什么保证稳赚不赔？拿什么证明亏损之后还能保本？真的有稳赚不赔这种好事吗？不是说高风险才有高收益的吗？

大环境经济不好的情况下，理财更显得重要了。因为竞争更加激烈，贫富差距加大，人人都想着多赚钱、赚大钱，但如果此时投资者盲目追求高回报，反而很难获得心中期望的投资回报，甚至有可能因为态度不端正、理财意识不完备，不知不觉就亏本了，往往是收益不如预期，转投入了保本产品的怀抱。所以，很多低风险的银行理财产品受到青睐。

然而，值得注意的是，虽然相对来说银行、保险理财产品风险低一些，但也是与市场挂钩。部分理财产品虽然风险小，但是收益少，有的甚至还亏损严重。

这里要提醒大家理性投资，同时，要多多学习理财知识，学会认清风险、绕开陷阱。

下面介绍几个常见的陷阱。

陷阱一——用预期收益吸引人

部分银行理财产品会提前终止，原因是达不到预期收益。什么是预期收益？从字面上看，可以理解成预定日期所获得收益。因为所有的理财产品说明书都被禁止使用"保本"等引导性词语，所以"预期收益率"一词便开始风行。"预期收益"跟"收益"可是两码事，比如打算你明年买车、后年买房，这就属于预期消费计划，但是实际上，你第二年可能还得再存钱才能买到车，与之前的预期有所差别。所以，预期收益率不可全信。

陷阱二——短期理财无风险

某短期理财产品投入资金的时间短，可随时取出，毫无风险。该产品购买起点为4万元，同时，要求账户不低于4万元，如果只投最低的4万元，资金是无法动用的。所以还是那句话，天下没有免费的午餐，任何理财都是有一定风险的。

短期理财中最方便快捷的方式是基金定投，现在非常热门。还有一些短期的理财产品，最短的甚至只有几天，收益也不高，有时候还低于定存，不过此类理财产品往往是数额较大且在调整贷款、中转资金时的选择。

陷阱三——保险理财最保险

业内人士分析认为，中国目前投资保险的市场条件并不成熟，并不具备发展性。很多人投资保险后，反而发现亏本，便只好退出。

陷阱四——"高金价、低收益"的黄金理财产品

时值金价暴涨，众多的黄金理财产品应运而生。有一款银行"挂金"理财产品，实际的年收益率却低得可怜，只有0.36%。据统计，

2011年上半年，银行十九款到期的理财产品中，除了未公布到期收益率的十款与黄金挂钩的理财产品外，年收益率最高的为8%，似乎还不错，但要知道，在此期间，金价的涨幅普遍在25%以上。某银行负责人表示，在现今的设计下，大多数单一挂钩黄金的理财产品有着"高金价、低收益"的风险。

不过其好处在于，一般与黄金挂钩的理财产品都可以保证本金，这就减少了金价震荡带来的负面影响，避免购买实物黄金和纸黄金带来本金损失。

单一挂钩黄金的理财产品，难获高收益

单一挂钩黄金的理财产品结构设计较为简单，这类理财产品更容易触发条件，导致收益率垫底，被划归为保本类产品。

买挂钩黄金的理财产品的目的在于"保本"

目前，整个黄金市场的波动性较大，前景并不是很明朗，因此要选择稳健型的保本投资，黄金理财产品相比其他理财产品来说，风险更小，更容易保本。中国社科院金融研究所研究员表示，正是在市场波动的大环境下，保本型黄金理财产品的优势才尤为突显，相对于单一操作的理财产品，比如买涨买跌的股票，黄金理财产品能在一定程度上降低风险。

如果购买挂钩黄金理财产品的目的在于分享黄金市场的高收益，直接去投资实物黄金或者纸黄金会更好。之所以购买理财产品，就是要在保本的基础之上获得收益。投资者首先要合理配置资产，在增强风险意识的同时谨慎投资，并要对所投资的理财产品有全面详细的了解，从而保障自己的利益。

第七章

恋爱了,结婚了,终于要买房了

买得起？买不起？

经过几年的奋斗，你应该为心爱的房子存了一笔钱了吧？买得起心仪房子吗？

如果手中钱财并不是很多，又不着急结婚，那么可以等到房价比较平稳的时期再买入，毕竟，花同样的钱，能多买一平方米总是好呀！

通常的思维，一是可以用公积金贷款购房。贷款条件也不苛刻，只要有所想买的住房价格30%以上的首付款，并且提供偿还贷款本息能力的证明，就可以办理住房抵押贷款。在银行所提供贷款额度的最高限度内，还可以争取到尽量多的贷款。

二是商业贷款。要说买不起房，可能只是指在城区中心热门的地段买不到房子，或者说买不起心仪的大房子而已。通过几年的理财，你手里已有自己的一笔小钱，再加上父母和亲友的资助，可以使用按揭的方式向银行贷款。比如，你想在北京买套漂亮的三居室，可是钱不够，但这并不意味着你在河北、天津买不到房。今年，与北京接壤的燕郊地带，房价也看涨了，所以你可以选择在偏远一点的地方以商业贷款的方式买房。

那么，究竟怎样选房呢？

1. 周边地带交通便利

为什么提出在周边地带买房也可以呢？在经济发展的过程中，城市化率达到 80% 以前，房产价值会稳步增长，这始终是一个颠扑不破的真理。随着国家经济的大力发展，绝对不止是北、上、广等几个大城市的房产才增值，中国所有城市的房产价值都会因为城市化进程的加快以及经济发展的因素逐渐升高。如果因为现在手里的钱买不起一线城市的房，就觉得人生无望、买房无望、与房无缘，只能租房度日，是非常不明智的，这意味着你放弃了一个隐形且重要的投资，即房产的增值。

手里的钱较少，在北京买不到房，可以考虑在北京周边的燕郊或者河北买，从长远来看，交通设施如高铁、轻轨完善起来之后，在买房地居住，来北京上班也比较方便。并且，随着房产增值，也可以享受财富增值的过程。

手里的钱更少，可以考虑去房价相对比较低的地方买房，比如北京周边的地级城市。地级城市顺应城市化建设，随着高铁的建设，交通会更加便利，房价升值是一个必然的结果，就算未来不在这里居住，也可以享受房产增值的过程，收益也比较好。并且，房产可以出售，那么，用得来的收益在自己认为理想的城市买房的理想，就可能实现。毕竟，房产增值所带来的利益可比工资快得多。

随着国家经济的快速发展，城市化进程的不断加快，在这样的经济背景下，分享国家经济成果的一个好方法就是拥有自己的房产。房产并不局限在哪个城市，有的城市因为交通便利、环境优美，房产的增值较快；而有的城市的房产，相对来说增值就会慢一些。如何选择房产的位置，就有运气和机遇了。

2. 出于无奈买小户型房产，也可以务实置业

张先生今年相中了兰州某楼盘的一套小户型，43 平方米，价格为

4800元/平方米，总价为20万元左右。他咬咬牙买了下来，希望借着房价上涨的势头增值。张先生发动了父母向亲戚举债，总共借到5万多元。家住农村的父母对城里的房价表示惊叹，说村里盖两层楼也就十几万。在整个小户型的购房热潮里，张先生还算好的，他说自己至少是买到了适用的房子。

在同样的买房条件下，李先生的买房置业之路就比较坎坷了。李先生说开始打算在兰州买房时，房价还在每平方米3100元~3500元左右，比较适中，新开楼盘的一套90平方米的房子，总价为30万元左右。李先生当时并没下决心买，因为担心高额的房贷会用掉自己大部分的工资，就一直犹豫不决，而现在，与之前一样地段的楼盘，价格已经飞涨到了8000元/平方米，稍微大一点的房子都要80多万，想买90平方米的房子是不可能了，只能转而看三四十平房米的小户型，虽然夫妻两个人住都不够，可就在李先生犹豫观望的时候，房价依然在上涨，30平方米的小户型房屋总价都在20万元左右，而且小户型的楼盘，都是一开盘就一售而空。所以，李先生悔不当初，担心房价继续上涨，不得不抓紧买了小户型的房子，要不然，"房奴"都没得当了。

2009年，兰州某楼盘的售价为每平方米4600元~6800元左右，45平方米左右的小户型，几乎一上市就被争相预订，抢购一空。由此，一些房地产开发公司试着将原有的大户型房产一分为二，或者切得更小，100平方米的大户型被一切为三，重新装修之后出售，原因是面积大的房子销售额不理想，干脆做小一点卖出去。小户型和超小户型的房产在一些大中城市更受到青睐，原因很简单，房价高，支付不起。

《中国青年报》社会调查中心有一项调查，取样人数为13600人，其中，"80后"占整个取样人数60.8%，"70后"为24.5%。调查结果显示，52.0%的人认为，小户型房产或者超小户型能够帮年轻人一圆买房梦，很多年轻人也住上了这样的房子。不过也有将近一半的人认为，买超小户型是在市场与自身需求的矛盾下不得已的选择。

如果换一种角度看问题，将购买小户型看作一种投资，而不单单是一种消费行为呢？如前所说，房地产本身是一个具有投资价值的行业，如果有条件，可以将所持有的小户型房屋出售或者出租，再用得到的资金来投资购买大户型房产。

一手房美,二手房廉

　　二手房卖得比新房还贵,你信吗?反正我是相信了。
　　在某市房屋中介公司门店集中的一条街道上,现在几乎60%的门店关门大吉、人去楼空。这些门店的关张还只是近两三个月的事儿,在当下楼市整体交易委靡的现状下,这几乎是必然现象。导致这么多二手房屋中介公司难以为继的,还有一个最为关键的问题,那就是出现了楼市价格"一二手倒挂现象"。
　　"一二手倒挂现象"是什么?其实,就是二手房反而比新房更贵,如果算上税收的话,那就更贵了。在杭州市区,同样单价为1.2万元/平方米的房子,如果在价格相当的条件下纳入税收,二手房的价格就比一手房价高很多了。
　　目前来说,这种情况在大城市十分普遍。就算是如此,主城区的二手房业主依然不肯降价出售,还有一些不愿降价的房主索性撤销了挂牌,留房观望。所以最近几个月,二手房中介的挂牌量更是飞速下降。
　　为什么会出现这种现象呢?随着深入调查,发现主要原因是限购令导致新房价格下调。国家对地产政策的调控可说是非常严格的,如前所说，限购令所波及的范围不仅仅是一线城市，已经逐渐扩展到二三线城市。为了应对限购，选择降价来迎合市场的房地产开发商逐渐增多，尤其是首次开盘的楼盘。

比如，2011年9月4日，保利地产新盘开放，这是杭州下沙区湾天地的项目。开盘时以千人团购的方式将房价拉低到8900元/平方米的均价，号称"一次性狂降3000元"，还附赠30平方米~50平方米不等的住房面积。第二天，同区的世茂地产不甘示弱，将世茂首府项目工程三期的三号楼100套房源投放入市，均价8500元/平方米，与该楼盘前一天相比，降价幅度极为迅猛，接近30%。各地的房地产商如雨后春笋，纷纷效仿，一时间降价热潮汹涌，更是激发了局部市场的"一二手房倒挂现象"。

杭州市场研究中心、中原地产战略投资部经理认为，"一二手房倒挂现象"主要是受到楼市宏观调控政策的影响。限购令抑制房地产市场泡沫，有足够能力置业买房的人士大多已达到购买的标准，而尚未购房者仍在观望，期望房价下跌。开发商出于维持公司的正常运营、资金链的健康运作和保证营业额等原因，不得不对其新推楼盘进行打折促销。同时，为抢占市场，只能以价换量，尽快回笼资金。另外，杭州的存量房高居不下，创下历史纪录，这也给开发商施加了巨大的压力，促使各楼盘纷纷降价。

而此时，二手房业主则比较淡定，他们存在一定的股民心理。如今，房地产市场波动较大，前景尚不明朗，贸然投资其他渠道也不明智，于是，二手房业主纷纷作壁上观，持观望态度。除了一些急需用钱的房东可能会将手里的房屋降价出售，大多数对资金需求并不热切的业主依然保持原价，除非房地产市场降价的影响进一步扩大，影响整个房产市场。否则，要二手房业主接受现在下调的价格比较困难，因此，二手房房价自然要比同地段新房价格高。

降价是趋势，就像2008年的降价热潮一样，2012年的房地产降价的状况可能会持续较长的一段时间，这对于广大迫切购房者来说，无疑是个好消息。

1. 买二手房十大理由可供参考

一手房的价格居高不下,二手房房价也不低,在这样一个高房价的时期,其实买二手房会更合适。下面十大理由说明买二手房比买一手房好,当然这里只是提供一个参考,最重要的还是要选择适合自己的房子。

(1) 交易手续简单,不容易产生纠纷。

只要保持平常心,不要贪小便宜,在买房之前检验卖家的相关证件,如房屋所有权证书、身份证等,证明房屋确实为该业主所有,且房源真实,就不会轻易上当受骗啦!

(2) 房屋质量一目了然。

二手房在前任业主使用的同时,很容易暴露出房屋潜在的问题,比如是否漏水、隔音效果好不好、地面是否有塌陷等。周围邻居的意见也很重要,可以通过访问卖家周围的街坊邻居,全面地了解房屋质量以及使用状况。还有一点要注意,虽然八九十年代的房屋户型设计比较陈旧,但是质量都是可以信得过的。

(3) 二手房几乎没有污染源。

每个装修过的新房都有一个非常大的问题,那就是污染超标。一提起甲醛,几乎人人都要色变,而二手房由于已经使用过几年,有害物质基本被吸收或者挥发得差不多了,房屋几乎没有污染源,为我们的健康提供了保障。

(4) 房子周围的公共设施齐全,社区成熟,出行方便。

二手房通常在市区,周边有很健全的配套设施,比如菜市场、学校、公交车和医院等,是相对成熟的社区,交通便利。

(5) 择邻而居。

买新房有一个缺点,就是你不知道自己将来会有什么样的邻居。而在买二手房时,你可以先视察一下周边环境,比如周边都住着些什么人，古时孟母三迁的故事，就说明了居住的环境会给人带来的影响，买二手房也可以择邻而居，对自己的居住环境有一定的自主选择权。

（6）自主选择拆迁风险低的地段。

买二手房不能预计的最大的风险之一就是拆迁，除了一些少数的大城市，通常来说，被拆迁所得的赔偿都是得不偿失，弊大于利。所以，在买房之前，尤其是买处于城区规划中的二手房，一定要考虑拆迁的因素。

（7）二手房的价格一般较低。

当然，这只是相对而言，很多地区在限购令的推行以及房地产业的不景气影响下，可能会出现"倒挂现象"。但是，通常情况下，二手房的价格会比新房的价格低，花相同的钱可能买到更大的房子。

（8）价格弹性。

二手房的价格趋于多元化，与新房来价格相比更有弹性，可以自己还价。在与业主沟通后，价格上可能还会有一定的优惠，如果碰上急需用钱的卖家，还可以趁机砍价，相对来说比较划算。

（9）风险较低，不会遇上"烂尾楼"。

二手房一般现款现货交易，都是现有楼层，房屋状况直观，不会有新房所出现的"烂尾"现象。

（10）投资回报率高一些。

什么是投资回报率？举一个很简单的例子，假设你买了一套35万的房子，将它租出去且没有空租期，月租金为3000元，那么投资回报率是3000×12÷350000＝10.2%。住宅类房产的投资回报率一般浮动在7%~9%之间，在这个前提下，计算出的回报率是较为理想的。

二手房周边公共设施齐全，社区成熟，交通便利，一般比新房出租的价格要高一些，投资回报率自然也要高于新房。

随着房地产市场的逐渐成熟，二手房交易也逐渐成为市场主流。

在这样的前提下，市场的推动是要靠投资者的。在北京、上海、广州、深圳等一线城市，资金充足的人购置和投资房产时主要考虑的是高档住宅、公寓和别墅等，资金相对少一些的人则青睐交通便利的中低档、优户型的商品房。而对普通老百姓来说，如果要选择投资房产，二手房就比较合适，毕竟社区成熟，更容易脱手。

2. 你能买房吗？你打算买什么样的房子？

首次置业，买一手房还是二手房？投资购房，选普通住宅还是商业地产？怎样买房才能又好又省钱？现在是否适合出手买房？面对这些问题，专家表示，买房的随机性较大，无法量化统一地给出标准答案，购房者只能根据自身的实际情况来决定。

有两类人要考虑购房的条件：一类是刚性需求者，也就是说买来自己住；另一类是弹性需求，也就是投资性需求。刚性需求的购房者需要综合评估自己的能力，结合实际的需求，规划好具体事项，比如对房屋的承受能力、房屋面积、工作的地点、交通工具，以及是否周边是否有学区等。弹性需求的购房者则主要考虑房地产公司的品牌以及开发区域的性价比。

在准备买房之前，还得先确认一下自己适合买什么样的房子。关注国家对于房产方面的相关政策，比如限购令下来了，而你打算买的是名下的第二套房子，那么就涉及买房资格以及首付款数额的变化等事宜。

(1) 买房资格认定

以杭州市为例，目前，杭州的限购令规定范围是市区，不包括附属县市。如果你在杭州市区有一套房，同时在千岛湖有一套公寓，由于千岛湖是淳安的，而不是杭州市的，所以并不纳入限购的范围。如果采用按揭的方式，假设该公寓是商业物业，那么再购就不受影响；如果该公寓是住宅性质，再购的房子就是第三套，超出贷款范围了。

家庭成员中只要有一人拥有市区户籍，包括夫妻以及未成年子女,即可以认定为具有本市户籍的居民家庭;成年子女和父母都是独立的家庭,不计算在内。

(2) 银行贷款

目前,某些地区的银行购房已经恢复了"认房不认贷"的原则,但是多数银行提供房贷的条件则是"认房又认贷"。如果你之前没有向银行贷款过,那么贷款是按首套算;如果之前有过一次房产贷款记录,那么下一次的贷款就按第二套算。

(3) 购置二手房

有两套单价13000元/平方米、总价在70万元的房子,但是区别就是新房和二手房的面积是不同的,如何选择?如今,一线城市房价居高,主城区的二手房也不便宜,很多均价达到16000元/平方米左右,要找13000元/平方米条件的房子需要运气和恒心,同时也比较困难。不过,如果能放低一点对面积的要求,就可以考虑买个小户型的二手房。

如果选择一手房,可以避开高价的主城区,选择其他区域,争取面积大一些的房子,同时小区的环境也比较好,不过距离市区有点远,只不过发达的交通让这个越来越不明显了。若买二手房,选择会相对较多,主城区比较老的一些小区的小户型,虽然房子可能不是新的,但能够享受到便利的交通和齐全的配套设施。

按照北京2011年的标准,第二套房在建筑面积方面的限制不一样,不论是多于140平方米还是少于140平方米,都按总金额的3%交纳契税。二手房交易方面,在购买未满五年期间产生交易,都要按照总金额的5.6%征收营业税;满五年的建筑,面积大于140平方米则按差额的5.6%征收,只有在满五年并且建筑面积小于140平方米的建筑,才免征营业税。房地产交易税费的标准,全国各地有不同政策,在购买前需要咨询所在地的专业机构,了解最新消息。

(4) 提供住房保障方面

按照北京2011年关于买房方面的规定,申请经济适用房在住房面积方面的标准是现行居住面积要不大于48平方米。

同时，申请经济适用住房要求具备下列条件：第一，至少有一名家庭成员具有本市市区常住城镇居民户口五年以上，不包括学生户口，可以包含所有符合市区安置条件的军队人员；第二，已婚并带有未成年子女且拥有监护权的家长，包含离异或丧偶条件，或者年龄大于或等于35周岁的单身无房户；第三，申请人的家庭房产建筑面积总和小于或等于48平方米；第四，家庭人均可支配收入低于平均水平，比如2010年的平均水平是年收入24000元。（具体的申请条件请以所在地最新标准为准。）

贷款，你选多少年？

如果资金充足，可以多付一些首付款，因为贷款的利息并不低。当然，要根据你自身的实际情况来决定，如果最近打算投资其他赚钱的项目，急需用钱，可暂时少缴纳一些首付款。

贷款买房最常见的类别是公积金贷款和商业贷款。在开始贷款之前，要根据自身的情况选择贷款的方式。

如果有公积金账户，可以选择公积金贷款的方式。需要查明公积金账户的余额以及单位每月缴纳公积金的基数等相关信息。住房公积金是公司给员工的一种福利，公积金贷款的利息比商业贷款的利息低得多，比较划算。如果要贷款金额比较多，但是公积金余额不够，则可以选择商业贷款与公积金结合而成的组合贷款。

确定自己的公积金数额之后，就可以去选房子了。确定房子总价和首付款，用总价减去首付款就是要贷款的金额。总体来说，贷款越少，利息就越少，相对来说比较划算，当然，这个比例需要根据自己的情况来确定贷款的金额。

如果选择商业贷款，则要依照自身的经济承受能力确定还款的金额。以下三条原则可用来衡量支付还款的经济能力。

1. 贷款的月还款额在扣除物业管理费之后，不大于月收入的50%；

2. 如果有其他债务，只要月还款额不大于月收入的 55%，也属于可控范围；

3. 可应急的资金（现金、银行存款等）至少能维持正常生活三个月，以应付紧急情况。

目前，几乎所有的银行都有变更房贷还款方式的业务，同时，还提供还贷组合方式。如果经过一段时间的观察，发现目前采取的还款方式并不适合，应当咨询专业人士，重新选择合适的组合方式。

在贷款买房时，还有一些问题需要我们注意。

1. 在非固定利率的房贷中，提高首付款可规避利率所带来的风险

在首付固定的情况下，利率所带来的增加额与首付额成反比，首付越高，贷款利息的增加额越少。所以，购房者不妨在买房初狠下心来考虑提高首付比例，从而在无形中降低成本。同时，如果首付额提高，还款的总额会相对少一些，也可为购房者减轻一些月供的负担。

2. 银行设置贷款门槛，等额本金、等额本息贷款要有收入限制

因为要确认借款人的还款能力，大部分银行提供的贷款都有收入限制。提供等额本金与等额本息贷款有所不同，相比较而言，等额本金贷款由于初始还款额较高，门槛也是最高的。

3. 不同的还款方式

（1）房贷还款方式有等额本金、等额本息、双周供三种，其中等额本金和等额本息比较常用；

（2）贷款最高额度不超过房产值的 80%，且必须通过银行的贷款资格审查；

（3）房屋首付与所买的房屋套数有关，首套房按揭贷款首付只要 30%，第二套房首付款则不低于 50%。

4. 提前还款的五种方式

■ 案例分析

张先生今年四月份购买的了一套价值 100 万元的房子，首付 30%

后，贷款额为 70 万元，贷款期限二十年。按目前的利率，用等额本息还款法计算，房子月供 5031.18 元，二十年利息总支出高达 507485.08 元。从 2012 年 1 月 1 日起新的利率会上调，因此房主决定提前还款。以此案为例，对目前市场上存在的五种提前还款方式进行了比较。

第一种，全部提前还款，即客户将剩余的全部贷款一次性还清。

第二种，部分提前还款，剩余的贷款保持每月还款额不变，将还款期限缩短。

第三种，部分提前还款，剩余的贷款将每月还款额减少，保持还款期限不变。

第四种，部分提前还款，剩余的贷款将每月还款额减少，同时将还款期限缩短。

第五种，剩余贷款保持总本金不变，只将还款期限缩短。

值得提醒购房者的是，缩短期限这一方法是节省利息的关键所在，但必须根据自身情况，结合资金实力和预期收入，选择适合自己的还贷方式。

"房奴"也可以幸福

1. 为什么房奴不能得到幸福？

现在，聚会的时候千万别提到"房奴"这词儿，因为你立马就会被一群满心怨忿的"准房奴"包围起来。据 2009 年统计机构的数据显示，国内家庭贷款每月还款额超过家庭月收入 50% 的人群竟然高达三成，这些人就是我们常说的"房奴"。

"房奴"们因为负债率太高，已经严重影响了家庭生活的正常品质。国际一般标准认为，月收入的 1/3 是房贷按揭的最高限，越过此最高警戒线，将出现一系列的生活问题并引发较大的还贷风险，会严重影响生活质量。

■ **案例分析**

基本情况：刘先生，31 岁，业务助理，月收入 5000 元。 太太 28 岁，文员，月收入 3000 元。

两人的年终奖金总共为 10000 元，家庭每月的基本生活开销在 2500 元左右。

2004 年初，刘先生买了一套总价 80 万元的婚房，每月要还房贷 4600 元，2007 年 6 月，还有 40 万元的贷款本金未偿还。

因为买房时倾尽家财，所以目前手里的产业不是很多。其中，现金和活期存款有 2 万元，定期存款有 3 万元，基金 2 万元，黄金和收藏品共 1.3 万元。

理财目标：两年内有一个宝宝，同时孩子未来的教育金进行计划；为家庭的资产保值并稳步增长，以求生活质量。

■ **专业理财师建议**

尽量开源节流

目前贷款全部为商业贷款，在刘先生名下。所以建议刘先生办理本人公积金业务来冲抵商业贷款业务。办理公积金之后，按照刘先生的月收入 5000 元计算，公积金 =5000×24%（公司、个人各 12%）。

宝宝计划

生育费用在 2 万元左右，拟从目前持有的 5 万元中提取。宝宝出世后，每月预计新增支出 2000 元。

最重要的教育费用，预计在十九年后。现在大学四年教育金额的花费 10 万元左右，考虑到通货膨胀的因素，预估年增加 4%，则 20 年后需要 21 万元左右。建议基金定投计划，公积金冲还贷后每月的 700 元进行复利投资，在二十年的时间聚沙成塔可以储备教育金 20 余万元。

应急储备金

建议留出 5000 元活期存款备用，另用 3 万元投资货币基金，还可以申请一张限额 2 万左右的信用卡做家庭应急备用。

同样是可怕的房贷压身，但只要你懂得运用理财工具，幸福生活就不再是问题。幸福感不是来自财富本身，而是财富背后所具备的安全感，想当一个快乐的"房奴"，就要选择一种乐观积极的生活态度，妥善安排收支，合理地控制消费，这样，就算是"房奴"，也同样能拥有快乐幸福的生活。

2."房奴"也有得到幸福的权利!

当你把房子的定金交出去的那一瞬间，恭喜你，你已经成为了一个标准的"房奴"。赶紧回去更新微博吧,从此以后的人生乐趣就是:努力赚钱!还完房贷!

听起来就觉得好可怜对不对,不好意思,我倒是觉得挺乐的,就算没有房贷压身,我们的人生目标之一也是努力赚钱。在这个物欲横流的时代,没有钱是万万不能的,房贷就像是一个闹钟,每隔一段时间就会提醒你该努力了。

比如,买房之前从来不知道什么是节俭,一个月工资再多,可莫名其妙地就花光了,既没有买什么漂亮的衣服,也没有吃什么可口的美食。有了房贷的压力,终于开始记账,大大小小的开支尽在我手,乱买东西的习惯改了,生活的品质反而提高了。

很多人都觉得做"房奴"是一件很可悲的事情,其实,没有任何压力地活着才可悲,十年混过去了,二十年混过去了,别人车房老婆孩子热炕头,你穷懒单身无后出租楼,别抱怨生活压力大,是你根本从来都没去应对生活的压力。

我有一个朋友,他真正开始成为一个理财爱好者,就是从成为"房奴"的那天开始的。

第一步改变:努力地工作。

从一个没有上进心的员工,逐渐变成一个玩转销售渠道的白领精英。老板对他的工作能力青睐有加,很快给他升职加薪,房贷负担减轻了一大截,真是意外之喜啊!

第二步改变:本职工作做好了以后就想着找点外快。

这个人一直特别懒,明明是会计专业的却没有考注册会计师,这下有了压力,果断地回到家就认真看书复习,功夫不负有心人,终于把会计师资格证拿下了,挂靠在会计师事务所,每个月又多了一大笔收入。

第三步改变:学会节俭节能。

一开始只是想省点算点,后来确实就习惯了,成为了一个"节能人士"似乎挺好的,每天都觉得自己在为地球作贡献。比如,多余的水用塑料桶盛起来，马桶水箱放个水瓶盛水，洗过脸、洗过菜的水可以浇花；也很少开空调，人走电关，身体反而好多了。

第四步改变：坚持做锻炼。

最省钱的方式就是不生病，自己在网上搜点视频，跳健美操，每天中午时间别人休息了他就开练，汗流浃背，酣畅淋漓。如此经过一段时日磨练，身材结实性感，同事们羡慕不已，问他为何锻炼，答曰："'房奴'不敢生病，所以要锻炼。"众人听罢感言：此乃至理名言。

第五步改变：理财是个大课题，"房奴"尤其爱理财。

自从有了房子就开始到处去蹭理财课听，打开电视就是财经频道，从股市到期货，统统研究了一遍，终于不会只有那点微弱的存款利息了。现在和同事侃大山都能把别人侃服，一不小心就侃了一个媳妇儿回来。

你看，当上"房奴"，可以升官、可以长智商、可以长身体、可以涨钱财，还可以讨媳妇儿……"房奴"的生活也可以这样，你准备好了吗？